1ª edição | outubro de 2003 | 10 reimpressões | 29.000 exemplares
2ª edição revista | fevereiro de 2010 | 11 reimpressões | 35.500 exemplares
22ª reimpressão | outubro de 2022 | 1.000 exemplares
23ª reimpressão | junho de 2023 | 1.000 exemplares

CASA DOS ESPÍRITOS EDITORA LTDA., © 2003 | 2010

Todos os direitos reservados à
CASA DOS ESPÍRITOS EDITORA LTDA.
Avenida Álvares Cabral, 982, sala 1101
Belo Horizonte | MG | 30170-002 | Brasil
Tel.: +55 31 3304 8300
www.casadosespiritos.com.br
editora@casadosespiritos.com.br

Dados Internacionais de Catalogação na Publicação [CIP]
[Câmara Brasileira do Livro | São Paulo | SP | Brasil]

Aruanda, Pai João de (Espírito).
    Sabedoria de preto-velho / pelo espírito Pai João de Aruanda;
[psicografia de] Robson Pinheiro. – Contagem, MG: Casa dos Espíritos,
2010.

    ISBN 978-85-87781-36-9

    1. Carma 2. Exu 3. Mediunidade 4. Psicografia 5. Reencarnação
6. Umbanda I. Pinheiro, Robson. II. Título.

09-11087   CDD-299.672

    Índices para catálogo sistemático:
    1. Mensagens mediúnicas psicografadas dos Pretos-velhos: Umbanda:
Religião   299.672
    2. Pretos-velhos: Psicologia: Mensagens mediúnicas psicografadas:
Umbanda: Religião   299.672

SABEDORIA DE PRETO VEIHO

TÍTULO	Sabedoria de preto-velho
AUTOR	Robson Pinheiro
EDITOR E NOTAS	Leonardo Möller
PROJETO GRÁFICO E EDITORAÇÃO	Andrei Polessi
	Fernando Muniz
REVISÃO	Laura Martins
IMPRESSÃO E PRÉ IMPRESSÃO	Gráfica Viena
FORMATO	16 x 23 cm
NÚMERO DE PÁGINAS	187
ISBN	978-85-99818-05-3

COMPRE EM VEZ DE FOTOCOPIAR. Cada real que você dá por um livro possibilita mais qualidade na publicação de outras obras sobre o assunto e paga aos livreiros por estocar e levar até você livros para seu crescimento cultural e espiritual. Além disso, contribui para a geração de empregos, impostos e, consequentemente, bem-estar social. Por outro lado, cada real que você dá pela fotocópia não-autorizada de um livro financia um crime e ajuda a matar a produção intelectual.

OS DIREITOS AUTORAIS desta obra foram cedidos gratuitamente pelo médium Robson Pinheiro à Casa dos Espíritos Editora, empresa dedicada à divulgação das ideias espíritas, parceira da Sociedade Espírita Everilda Batista, instituição de ação social e promoção humana, sem fins lucrativos.

Conforme o Novo Acordo Ortográfico da Língua Portuguesa, ratificado em 2008.

pelo espírito
PAI JOÃO DE ARUANDA

SABEDORIA DE PRETO VELHO

ROBSON PINHEIRO

casa dos espíritos

SUMÁRIO

Pai João de Aruanda
Robson Pinheiro | XII

I A força da fé | 20
Posses | 23

2 O cruzeiro | 26
Perdas | 29

3 Reprimenda | 32
Agitação e ansiedade |34

4 O poder da equipe | 36
Cativeiro da alma | 39

5 Lei de causa e efeito à moda africana | 42
Preto-velho | 46

6 Preto-velho por quê? | 50
Pai-velho | 54

7 Mensageiro entre dois mundos | 58
Medo da morte | 62

8 Ecologia mulata | 64
Desapego | 68

9 Preconceitos | 70
O jardineiro da vida | 74

10 Críticas | 76
Comentários | 79

11 Modernidade e superação | 82
Crises | 86

12 Ciladas | 90
Reflexo de Deus | 95

13 Receituário | 98
Sem limites para ser feliz | 102

14 Romaria | 106
Solução simples | 109

15 Uma só andorinha faz verão | 112
O sabor da caminhada | 117

16 Liberdade | 120
Estrela | 123

17 Emissário do Alto | 126
Uma chance ao amor | 129

18 Solidariedade discreta | 132
O tempo de Deus | 135

19 Verdade e fofoca | 140
Seu compromisso | 143

20 Pau-pereira | 146
Experimente o perdão | 150

21 Reconciliação | 154
Punições desnecessárias | 158

22 Aruanda | 162
Acorda, meu filho | 165

23 Presença de Deus | 170
Esperança de Deus | 173

24 Evolução | 180
Sem exigências | 183

Pai João de Aruanda. Negro, preto... Velho, escravo.

Pai João de Aruanda. Livre — alforria da consciência, lei áurea do espírito.

Negro viril, ancião forte, com força própria daqueles que venceram a si mesmos e forjaram sua hombridade nas experiências duras, mas construtivas da vida terrena.

Velho conhecedor das dores e das mandingas, preto de muito amor.

Pai, doce como o luar, firme como o sol que brilha logo pela manhã.

Mensageiro de esperança, mensageiro de Aruanda, sentinela das noites frias e cinzentas dos filhos da Terra.

Embaixador entre dois mundos, príncipe de Angola, enfermeiro de Jesus, esteio firme de cada hora.

É Pai João de Aruanda, o amigo, trabalhador de sempre, aqui e agora.[1]

[1] Pelo espírito Ângelo Inácio. Psicografia de Leonardo Möller, em 5/10/2003.

ROBSON PINHEIRO

"Sabedoria de Preto-Velho" surgiu a partir de diálogos com o espírito João Cobú, o amigo mais conhecido como Pai João de Aruanda. Além disso, reúne mensagens desse espírito que vieram através de minha fala ou da escrita mediúnica.

O companheiro espiritual se fez conhecer, primeiramente, através da mediunidade de minha mãe, Everilda Batista. Durante a minha juventude, na década de 1970, quando ainda me encontrava ligado à igreja evangélica, tivemos contato com o espírito, que então se apresentava como Alfred Russell. Identificava-se como um médico norte-americano, que havia vivido nas colônias do sul, ainda no período escravocrata. Dr. Alfred Russell fora homem de muitas posses, senhor de escravos. De volta à pátria espiritual, pediu para reencarnar como negro. A pele escura lhe daria oportunidade de se redimir perante a própria consciência — experimentaria a escravidão do outro lado da chibata.

Aportou no Brasil por volta de 1753, vindo de Luanda, na África, sua terra natal. Nos coqueirais pernambucanos pôde refazer escolhas do passado e, privado da liberdade e do acesso à instrução que tivera, conheceu de perto a "mestra" dor. Ainda hoje Pai João reflete a respeito do sofrimento: "A dor é um instrumento de Deus muito mais eficiente que Pai João. Quando nego não consegue trazer um filho para os braços de Deus, então vem a professora dor, que é infalível. Ela *sempre* traz os filhos de volta para os caminhos do Pai".

Mesmo o negro mais viril não costumava durar muito na lavoura de cana-de-açúcar; todavia, viveu mais de 50 anos. Deixou dois filhos, que introduzira no conhecimento do poder terapêutico das ervas.

Após curta permanência no plano extrafísico, reencarna na Baía de Todos os Santos em 1828. Espírito redimido, que soube extrair da dor e da privação as lições necessárias, João Cobú escolheria novamente a pele negra como forma de aprendizado — sob o impacto da chibata viveria experiências que lhe fortaleceram definitivamente o caráter. Nesta experiência física, conquistou o respeito dos seus desde a maturidade; como ancião, tornou-se conhecido nas redondezas, reverenciado por seus conhecimentos fitoterápicos.

Em contato com os cultos afro-brasileiros da nação *ketu*, ampliou sua habilidade no manejo das ervas e da magia, das quais extraiu todo o potencial curativo. Trabalhou em favor da comunidade, relembrando seu passado na medicina, e assim revestiu-se de profunda autoridade moral.

Lá pela década de 1990, tive contato com um representante de um terreiro na Bahia que, em suas memórias, guarda as histórias de um pai-de-santo chamado Pai João. No ambiente repleto de magia e simbologia do sincretismo afro-brasileiro, Pai João forjou sua maturação espiritual. Desencarnou no ano de 1900, vítima de febre amarela, após dilatado período de convalescença, aos 72 anos de idade.

Apresenta-se à visão espiritual como homem negro de aproximadamente 60 anos de idade, envolvido numa aura suave, com tonalidades que vão do rosa ao lilás. Barbas e cabelos absolutamente alvos contornam-lhe a face, em geral marcada por um largo sorriso. Sua figura é ao mesmo tempo imponente e singela. Costuma vestir um terno muito bem alinhado, acompanhado de dois acessórios: o crucifixo, que simboliza tanto o sofrimento do passado como a ascensão espiritual, e a bengala — à qual dá o sugestivo nome de *caridade* —, que representa a autoridade moral e a experiência do ancião.

Como espírito protetor, suas advertências e seus conselhos sempre se mostraram sábios. Através da mediunidade de minha mãe, Everilda Batista,[2] marcava presença nas horas de maior gravidade. Foi sua mão forte e companheira que amparou minha mãe, nos desafios peculiares a uma mulher do interior das Minas Gerais que criou 14 filhos, entre eles 9 adotivos, durante toda a vida recebendo menos de um salário mínimo.

A simplicidade das palavras por ele utilizadas foi aos poucos ganhando meu respeito e admiração. A coerência de seus ensinos serviu para aumentar minha confiança na Espiritualidade. Pai João é espírito amigo e comprometido com a verdade e o bem, que jamais nos abandona: "Filho de Pai João balança, mas não cai. E se cair, nego já está no chão há muito tempo para amparar e amortecer

---

[2] O espírito Everilda Batista é autora do livro *Sob a luz do luar*, através de Robson Pinheiro, lançado em 1998 pela Casa dos Espíritos Editora e que ganhou nova edição revista no ano de 2009.

a queda". Severo, autêntico, veraz — desde o início das atividades de nossa instituição, a Sociedade Espírita Everilda Batista, em 1992, tem-se feito marcantemente presente.

Pai João transborda destas páginas, que expressam alguns de seus conselhos e advertências, que têm feito a todos refletir bastante. São palavras simples, resultado de sua experiência de vida — nada mais. Mas que têm provocado grandes transformações em nossa maneira de pensar e agir.

O espírito amigo transforma lamentações em cantigas, e dor, em salmos. Diversas vezes tem se manifestado cantando seus versos, que trazem mensagens de fé, esperança ou alerta por trás da aparente inocência das palavras. Nas metáforas presentes nas cantigas se esconde profundo significado, que procuro comentar e interpretar, conforme ele mesmo me indicou e ensinou. Este é um trabalho escrito, de fato, a quatro mãos.

De minha parte, espero trazer para os leitores um pouco da nostalgia e da poesia singela, cabocla e matuta do pai-velho, do médico e do amigo, que, desde o cativeiro, tem se esforçado por compartilhar conosco um pouco da sabedoria singular de um preto-velho.

1

É só Deus, é só Deus,
quem pode mais é Deus.
É só Deus, é só Deus,
o maior de todos é Deus.
O mar tem areia,
a Terra tem ciência,
mas lá no céu tem Deus,
que dá toda a providência.
Quem pode é Deus,
meu senhor,
o maior é Deus. [3]

[3] Os cânticos dos escravos que abrem cada capítulo deste livro foram reproduzidos em sua forma original, sem revisão gramatical, mantendo-se fidelidade à forma como eram cantados pelos escravos, que, em sua grande maioria, não tiveram acesso à instrução formal.

ROBSON PINHEIRO

"É SÓ DEUS, é só Deus, quem pode mais é Deus...". Nesse canto poético, vê-se a lamentação dos negros no cativeiro, expressando sua fé em Deus e no futuro, muitas vezes nublado pelo sofrimento. Pai João demonstra profunda esperança na misericórdia divina e relembra o passado sob o signo da escravidão, seja nas fazendas de Pernambuco ou nas terras baianas. Somente com o alimento da fé foi possível suportar a chibata e a dor, ao lado da exclusão e do preconceito, afirma ele. João Cobú faz poesia com sua dor e assim inspira nos seus tutelados a mesma certeza que ele desenvolvera na providência divina.

Quando ouvi Pai João cantar essa canção pela primeira vez, estávamos passando por momentos difíceis na condução dos trabalhos espirituais na Casa de Everilda Batista. Já havíamos pensado muito e tentado várias formas de enfrentar a situação, sem sucesso. Era o ano de 2001, e eu percorria uma avenida da cidade de Belo Horizonte, MG, quando o preto-velho deixou-se perceber cantando, ensinando-nos a lição preciosa da fé e da paciência. E da certeza de que, quando achamos que Deus está tardando, Ele já se adiantou — nós é que não percebemos as respostas que Ele envia através da vida. Esse cântico é uma espécie de invocação dos escravos à divina presença, bem como a afirmação da presença de Deus em nós.

POSSES

PAI JOÃO DE ARUANDA

SE O DESESPERO ameaça tomar conta de você, que tal resolver de vez essa sua dificuldade?

Esse tipo de sentimento infeliz é o resultado da sua falta de fé. Não daquela fé de que muitos falam por aí. É fé em um ideal, fé no futuro. Falta a você a coragem de lutar e a decisão de prosseguir apesar de todas as dificuldades.

Os meus filhos se desesperam com muita facilidade. É hora de aprenderem um pouco com a vida.

Diante do sofrimento pela possibilidade da partida de um afeto, o desespero se instala. É hora de trabalhar o desapego. Nós não somos donos de ninguém. Nenhum ser humano é propriedade de outro. Acorde, meu filho. O tempo da escravidão já passou. Por que se manter algemado a pessoas, objetos ou instituições humanas?

Às vezes vocês se desesperam porque julgam faltar recursos materiais. Isso é absurdo, meu filho. Está na hora de entender que a verdadeira posse é fruto do trabalho. Se faltar alguma coisa é porque você não trabalhou o suficiente, não perseverou em sua proposta ou, então, quando teve a oportunidade do ter, não soube economizar, reservar ou multiplicar.

A vida nos ensina que aquilo que julgamos possuir, nós temos que dividir entre os mais necessitados, somando esforços para multiplicar os resultados, diminuindo as pretensões e exercitando o desapego.

Ora, meu filho, o desespero é o resultado de uma visão errada da vida.

Pare e pense. Erga a cabeça, que ela não foi feita apenas para ficar cheia de miolos, não. Pense, organize os seus pensamentos. Reorganize a sua vida e continue andando. Mesmo devagarzinho, ande. Não se permita ficar parado. Deus abençoa, mas é preciso ter coragem para a maior experiência do mundo — que é viver.

Sempre há uma solução. Não existe dor, sofrimento ou mal que não tragam seu ensinamento; não há problema que não tenha a resposta certa da vida, meu filho.

Eu tenho meu cruzeiro de aço
e nele eu tenho sentimento,
porque nos braços da cruz,
eu presto o meu juramento.
Deus, ó Deus de amor...
Ele é rei dos reis,
mestre dos mestres,
médico de médico,
senhor de senhor,
doutor de doutor.

2

ROBSON PINHEIRO

APRESENTOU-SE à minha visão espiritual um velho segurando uma cruz, em pé na porta da senzala. De seus olhos derramavam-se lágrimas, e não pude conter as emoções que a visão provocou. Da cruz que o velho segurava irradiava intensa luz, e suas lágrimas caíam na terra. A cada toque da lágrima no chão nascia um lírio, pequeno, porém perfumado. Senti a intensidade da fragrância e ouvi o ancião entoar a melodia que ainda hoje trago impressa na memória.

Mais tarde, Pai João me falou que, com a visão, ele queria evocar o sofrimento do cativeiro e deixar uma mensagem registrada em minha alma. Segundo ele, a cruz simbolizava o sofrimento cotidiano — que ainda é a forma de ascensão no planeta Terra. O canto representava a necessidade de elevação da alma, uma forma de transformar o chicote do feitor em instrumento de elevação espiritual. Nos braços da cruz, ele prestava o juramento de permanecer fiel à sua fé e a si mesmo. Não corromperia sua alma, mesmo diante da dor. Pai João abandonou seu corpo físico elevando-se pelo trabalho e redimindo-se com o sofrimento e o aprendizado dele decorrente. Compreendeu as razões da vida sem entregar-se à autocomiseração, aceitando tudo com resignação, sem perder a dignidade.

Uma letra simples, uma melodia que evoca saudades. Eis o que João Cobú me ensinou, cantando sua dor e falando de Deus. Do Deus que cura, que liberta, que educa e que tem autoridade suficiente para transmutar nossas experiências em ferramentas de elevação, e nossas dores, em alegrias permanentes.

PERDAS

PAI JOÃO DE ARUANDA

GRANDES PERDAS às vezes significam grandes decepções. Mas como perdemos aquilo que não é nosso? Já pensou nisso?

Meus filhos julgam, às vezes, que perderam um ente querido pela morte. Mas essa visão é errada. Solte o seu parente que você julga morto. Aprenda a libertar a sua alma e deixar que ele voe nas alturas de sua própria vida.

Muitos dos filhos acham que reter significa possuir. Engano. Na vida, o que possuímos de verdade é aquilo que doamos. Se você desejar reter as almas queridas, através de suas emoções e sentimentos desequilibrados, você se transforma aos poucos em pedra de tropeço para aqueles que diz amar.

Amor não é posse. Amar é doar, é libertar, é permitir que o outro tenha a oportunidade de escolher e trilhar o caminho que lhe é próprio. Amar é permanecer amando, mesmo sabendo que os caminhos escolhidos são diferentes do nosso.

Então, meu filho, você não perdeu ninguém, não perdeu nada. Perdeu, talvez, a oportunidade de aproveitar a experiência e aprender a amar de verdade. Esse sentimento de perda é o maior atestado de uma alma egoísta.

Ame mais, meu filho. Liberte, liberte-se e procure ser feliz. Mas, pelo amor de Deus, deixe os outros prosseguirem e, assim, encontrarem também o seu caminho. Ainda que seja do outro lado da vida. Ou talvez deste mesmo lado. Quem sabe?

É preciso continuar amando. Mas é necessário que você entenda: seu tempo em companhia daquela alma que você diz amar já passou.

Aprenda de uma vez, meu filho. Toda posse, todo apego é caminho para a obsessão.

Pense nisso um pouco.

O céu é alto, meu filho,
o mar é fundo...
Pisa no chão com jeito
e aprende a andar no mundo!
Eu fui no mato, meu filho,
tirar cipó.
Boca calada, meu filho,
é bem melhor.

REPRIMENDA

ROBSON PINHEIRO

PAI JOÃO TEM uma forma toda especial de nos chamar a atenção quando optamos por um caminho equivocado. Em vez de falar diretamente e de forma repreensiva, o espírito nos fala cantando.

Certa vez, um amigo precisava de um corretivo, e então ouvi as cantigas de Pai João. Eram versos simples, de um grande espírito que se escondia por detrás da roupagem de um pai-velho, vestindo seu terno de linho branco, trazendo uma pequena cruz pendurada ao peito. As canções evocavam as coisas mais comuns da vida e de sua história pessoal, como escravo.

No verso disfarçado, a força moral de quem não desconhecia as dificuldades de seus pupilos. Ao mesmo tempo, não expunha o aprendiz à vergonha. Cantando, Pai João fala de amor e relembra lições preciosas do Evangelho.

AGITAÇÃO E ANSIEDADE

PAI JOÃO DE ARUANDA

Você está agitado, meu filho? Parece ansioso. Tranquilize sua alma. Assim você não resolve problema algum e ainda causa outros piores para você e para quem está perto.

Que tal você se conhecer um pouco melhor? Agitação, ansiedade e nervosismo são os três sinais de que você não se conhece bem.

Você não consegue agradar a todos. Nem você se sente satisfeito consigo mesmo. Por que se debater assim?

Você não é perfeito. Portanto, não adianta exigir perfeição dos outros ou daquilo que fazem. Nem você conseguiu organizar sua vida direito! Você não tem que saber tudo, fazer tudo ou dizer as coisas certas. Ninguém é *certinho* o tempo todo.

Pare com a agitação um pouco. Tente caminhar em vez de correr. Tente dialogar em vez de gritar. Tente ver em lugar de somente enxergar. Procure ouvir em vez de apenas escutar.

É bom, de vez em quando, parar, sentir e aprender a ouvir o canto dos pássaros, em vez do barulho dos carros ou dos canhões. É bom para a alma olhar o céu, às vezes, e ver o brilho das estrelas ou — quem sabe? — sentir o perfume de uma flor. É bom deslizar pelas ruas em vez de se atropelar nas calçadas.

Ansiedade, agitação interior, pressa são três gigantes da nossa alma que precisamos combater urgentemente. Assim, meu filho, a gente vai andando devagarzinho, fazendo aos poucos, realizando com carinho, mas seguindo sempre.

Lembre-se: sua ansiedade não soluciona problema algum. Conheça um pouco mais de você mesmo e aprenda a não exigir de si ou dos outros aquilo que nem Deus espera ainda de você.

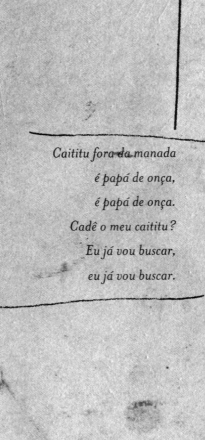

*Caititu fora da manada
é papá de onça,
é papá de onça.
Cadê o meu caititu?
Eu já vou buscar,
eu já vou buscar.*

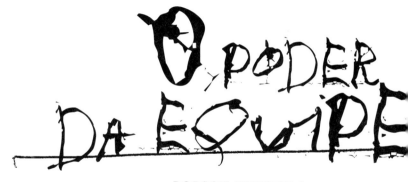

ROBSON PINHEIRO

INTERPRETO CERTAS maneiras de os espíritos falarem ao coração como se fossem parábolas. O próprio Jesus falou através de linguagem figurada, dando valiosas lições imortalizadas no Evangelho. Pai João aprecia o valor das metáforas. E, notadamente, delas faz uso através de uma linguagem clara e que remete à sua roupagem e personalidade de ex-escravo.

Em suas narrativas estão presentes elementos do dia a dia daqueles que vivem uma vida simples, sem sofisticação. Aspectos da natureza, a familiaridade com a mata e as ervas, a religiosidade afro-brasileira e a vida no engenho colonial são o pano de fundo que imortaliza as lições do pai-velho, transformando as próprias forças da natureza em poesia, em canção que eleva, evoca saudade, corrige e disciplina.

Certa vez, Pai João, notando que alguns companheiros estavam sob influência espiritual nada desejável, quis alertar as pessoas envolvidas, que já estavam para se afastar do trabalho na casa espírita e — quem sabe? — da causa espírita. Apareceu com seu sorriso largo, voz potente e, de forma espontânea, entoou a canção com os elementos que conhecera quando encarnado. Os caititus, mamíferos que vivem em bandos de 5 a 20 indivíduos, precisam permanecer juntos para se defender de seus predadores. Aquele que se perde da manada é presa fácil.

É uma alusão evidente à necessidade de união nos momentos difíceis. Se, na comunidade que se dedica a um trabalho nobre, já estamos sujeitos às intempéries e ao assédio espiritual inferior, imagine quando nos afastamos da causa que abraçamos. "A vara sozinha enverga fácil e se quebra. O feixe de varas, amarrado forte, não há quem quebre", lembra o pai-velho. O caititu representa o trabalhador que, fora da comunidade, está sujeito a se tornar *papá de onça*, ou seja, vítima de espíritos mal-intencionados.

CATIVEIRO DA ALMA

PAI JOÃO DE ARUANDA

CATIVEIRO. PALAVRA difícil, essa. Muitas vezes meus filhos julgam que o cativeiro é somente aquele em que os homens, geralmente os brancos, subjugavam os negros e a eles impingiam toda sorte de sofrimento, de acordo com o mando do senhor dos escravos.

Ah! Quanto engano.

Há tantas formas de cativeiro... O jugo que o homem impõe a outro, tentando oprimir as consciências, espalhando a infelicidade dentro dos corações. O cativeiro das ideias, quando o ser se faz escravo de certos pensamentos, já ultrapassados, ou mesmo das próprias ideias, que nem sempre dignificam quem está com a razão.

Existe a escravidão de um povo, de uma raça, de uma comunidade, de uma família ou de um indivíduo, quando se recusa a seguir o progresso da vida e estaciona no tempo. Mas há também a escravidão daqueles que se julgam sábios, que repetem coisas belas — filosofias copiadas de outros — e que são incapazes de realizar algo em benefício próprio, como a transformação íntima de suas tendências, seus costumes e ideias, pois se acham escravos de si mesmos.

Na verdade, o cativeiro da escravidão pode ter passado. No entanto, quem sabe Isabel, a princesa, tenha apenas aberto um caminho para que os homens não mais continuassem cativos de seus modismos, medos, ânsias e angústias; de sua pequenez sem sentido?

É preciso que os meus filhos se encarem no espelho. Não naquele espelho no qual costumam olhar-se pela manhã, mas no espelho do Si, na própria alma. Observar se não estão com grilhões atados na mente, na alma ou no coração.

É preciso liberdade. Mas liberdade não é o

resultado de um decreto ou de uma assinatura em uma folha de papel. A verdadeira libertação é a da alma, que poderá um dia voar livre como as andorinhas no céu de sua própria vida. Sem grilhões, sem cordas, sem muletas.

É preciso voar e voar alto, dentro de si mesmo.

Xangô morreu
com seu livro de justiça,
sentado numa pedra...
Quem deve paga,
quem merece recebe.

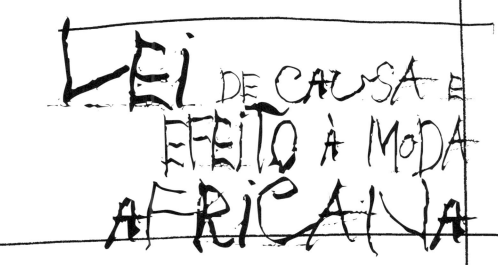

Lei de Causa e Efeito à Moda Africana

ROBSON PINHEIRO

PAI JOÃO FALA com o coração. Canta com a alma e sempre nos ensina a transformar nossas dores em música (em mantras!), até que possamos compreender o significado por trás daquilo que nos incomoda.

Conta que, em determinada ocasião, foi procurado por alguém para que o ajudasse a realizar um intento com objetivo puramente material, de retaliação. Pai João deveria dar uma lição, mas o indivíduo era um homem de pouca instrução, com recursos culturais minguados; não entenderia bem conceitos de moral, nem estava aberto ao estudo do Evangelho. Após breve meditação, o pai-velho resolveu cantar para o homem uma canção com a linguagem que ele poderia compreender. Aquele que o procurava era familiarizado com a mitologia africana e estava acostumado com o linguajar dos candomblés. Sondando seu pensamento, Pai João resolveu dar elementos para o homem refletir a partir da figura do deus Xangô.

Foi a forma encontrada para falar da lei de causa e efeito na terminologia que aquele homem conhecia. No panteão africano, Xangô é a representação da justiça divina. A música ensina que, de acordo com os desígnios do Alto, o ser colhe exatamente na proporção em que semeia.

A lição encontrou ressonância no coração do homem, que, conforme nos conta o espírito amigo, não mais voltou pedindo o que não devia. O Evangelho deve ser pregado no vocabulário e no contexto exato que faça sentido para quem ouve. Assim fez Jesus, que falava de moedas e talentos para aquele que era cobrador de impostos, de redes e peixes para pescadores, de sementes, plantio e colheita para agricultores. Desse modo João Cobú cativou o homem incauto e permanece falando de verdades espirituais com a linguagem brasileira, terrena, humana.

PAI JOÃO DE ARUANDA

Sou preto. Negro como a noite sem estrelas. Sou velho. Velho como as vidas de meus irmãos.

Mas, se sou ainda negro, é porque trago em mim as marcas do tempo, as marcas do Cristo. Essas marcas são as estrelas de minha alma, de minha vida.

Sou negro. Mas a brancura do linho se estampa na simplicidade do meu olhar, que tenta ver apenas o lado bonito da vida.

Sou velho, sim. Mas é na experiência da vida que se adquire a verdadeira sabedoria, aquela que vem do Alto.

Sou velho. Velho no falar, velho na mensagem, velho nas tentativas de acertar.

A minha força, eu a construí na vida, na dor, no sofrimento. Não no sofrimento como alguns entendem, mas naquele decorrente das lutas, das dificuldades do caminho, da força empreendida na subida.

A força da vida se estrutura nas vivências. É à medida que construímos nossa experiência que essa força se apodera de nós, nos envolve e nós então nos saturamos dela. É a força e a coragem de ser você mesmo, de não se acovardar diante das lutas, de continuar tentando.

Sou forte. Mas quando me deixo encher de pretensões, então eu descubro que sou fraco. Quando aprendo a sair de mim mesmo e ir em direção ao próximo, aí eu sei que me fortaleço.

Eu sou preto, sou velho, sou humano. Mas sou humano sem corpo.

Sou como você, sou espírito. Sou errante, aprendiz de mim mesmo. Na estrada da vida, aprendi que até hoje, e possivelmente para sempre, serei apenas o aprendiz da vida.

Sou andarilho. Pelas estradas da vida eu corro, eu ando. Tudo isso para aprender que, como você, eu sou um cidadão do universo, viajor do mundo. Sou um semeador da paz.

Sou preto, sou velho, sou espírito.

Sou eu, Pai João de Aruanda.

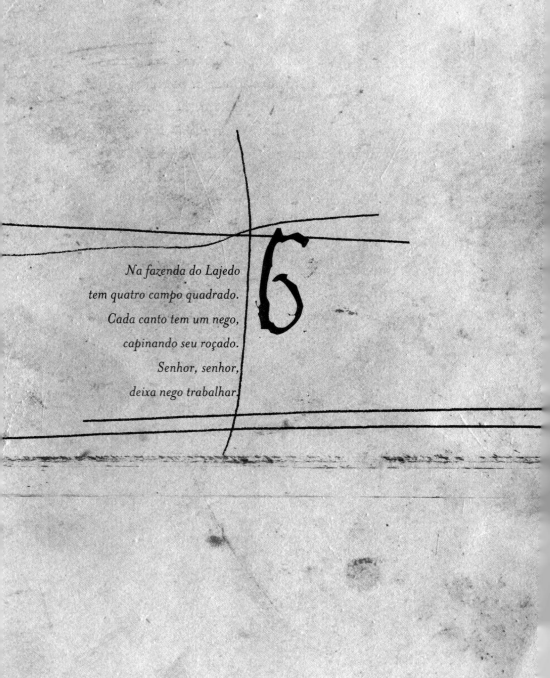

*Na fazenda do Lajedo
tem quatro campo quadrado.
Cada canto tem um nego,
capinando seu roçado.
Senhor, senhor,
deixa nego trabalhar.*

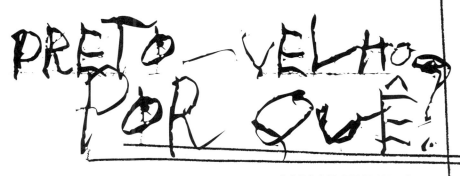

ROBSON PINHEIRO

ALGUÉM PERGUNTOU por que o espírito João Cobú se manifestava assim, como um preto-velho, sentado no chão, com as pernas de lado, a voz potente e forte, tão diferente do médium de que se utilizava. Argumentava que não era necessário a nenhum espírito apresentar-se daquele modo; não havia motivos para esta caricatura tão rudimentar, arcaica talvez, própria de religiões apegadas a rituais e maneirismos pueris, segundo defendia.

Pai João ouvia atento.

Por que motivo escolher a aparência de um ancião se ele era espírito, e espírito não é idoso nem jovem, é apenas espírito? Após alguns instantes em silêncio, Pai João disse:

— Meu filho, pelo que eu saiba o espírito já esclarecido pode se apresentar da forma que desejar para estar com os filhos da Terra. Cada um escolhe a vestimenta que mais lhe agradar. Não há por aí espíritos que se mostram como irmãs de caridade, padres, orientais, médicos e tantos outros? Por que o preconceito contra o velho ou a vovó? Será apenas porque a gente se apresenta como negro, ex-escravo? Isso por acaso desmerece a mensagem que trazemos? Por que não repelir espíritos que se manifestem como freiras, indianos ou doutores? Por acaso meu filho pensa que do lado de cá da vida só há diploma de médicos e eclesiásticos?

Pai João prosseguia:

— O problema, meu filho, é que velho não dá ibope para os médiuns e donos de centro. Mas, se além da visão do ancião e do linguajar singelo, a gente se mostra negro, aí sim: o preconceito de meus filhos fala ainda mais alto... Não há alforria que resolva; o preconceito é cativeiro pior que a escravidão. Negro, velho e, ainda por cima, morto... Nego acha que isso incomoda por causa do orgulho e do desejo que vocês têm de enquadrar tudo dentro dos padrões *brancos*, vamos dizer. Se é assim, meu filho, aceita o conselho de nego: vá procurar espíritos superiores, de médicos, padres e irmãs de caridade, e deixa nego trabalhar quietinho, falando com simplicidade para aqueles que não entendem linguagem complicada.

Deixa nego trabalhar, cantou Pai João.

Na fazenda do nosso Pai, que é Deus, tem lugar para todos. Cada um faça como pode e sente que é correto, pois nem Jesus, nem Kardec deixaram escrito algum dizendo que espírito deve manifestar-se deste ou daquele jeito. João Cobú faz como sabe, trabalhando com alma e coração. Quem souber fazer melhor, faça; ele respeita. Enquanto isso, os pais-velhos continuam pedindo ao Senhor que os deixe trabalhar, apenas trabalhar.

PAI-VELHO

PAI JOÃO DE ARUANDA

MUITOS DIZEM que preto-velho é espírito atrasado, que não tem conhecimento e que, somente pelo fato de assim se apresentar, já atesta a própria inferioridade. Mas eu gostaria de convidar a uma reflexão.

O que é estar atrasado ou adiantado em sua evolução? Se um espírito é atrasado, ele o é em relação a quem? Se está adiantado, como saber com certeza?

Muitos julgam as aparências, inclusive a dos espíritos. Devemos ter cuidado ao fazer isso. É certo que não se deve crer em tudo ou em todos os espíritos, mas, daí a discriminar um espírito por ele se manifestar desta ou daquela forma preferida por ele, é preconceito típico de muitos irmãos.

A atmosfera espiritual do Brasil, devido a seu passado histórico, é povoada de espíritos que preferem manter a forma espiritual tal qual em sua última existência, como escravo. O regime escravocrata terminou; a escravidão, contudo, permanece marcada nos céus no Brasil. O estigma deixado por ela, ainda o experimentamos. É por isso que mesmo espíritos que não reencarnaram como negros assumem essa aparência com alguma finalidade.

Por que não questionar também aqueles que se manifestam como frades, madres ou quaisquer formas espirituais que adotem determinados espíritos? Será que o homem branco ainda se julga o padrão espiritual de elevação?

Acontece, meus filhos, que preto-velho não dá ibope para os médiuns e dirigentes dos centros. Dizer, no entanto, que o mentor é um padre, um médico, uma irmã de caridade ou um indiano parece ser moda que entrou nos corações dos médiuns e donos de centros, enraizando-se aí, junto com o orgulho.

É preciso que a análise seja mais profunda, levando-se em conta o conteúdo, e não se prendendo somente à forma externa ou ao palavreado.

Nós falamos de maneira simples, para pessoas simples. Não adianta complicar a vida. Mesmo que vocês gostem de palavras bonitas e complicadas, a verdade continua simples. Nossa palavra é dirigida ao coração, e mesmo que alguns de vocês queiram negar, a nossa ação é mais através do sentimento e das emoções dos irmãos, chamando para a reflexão a respeito das coisas simples da vida.

Não adianta falar de Evangelho com palavras complicadas e vocabulário difícil. O povo, meu filho, para o qual a mensagem é dirigida não entende muitas coisas que você fala, e só acham bonito por achar. Jesus falava com a linguagem do povo, que é *coração*. Por isso o Evangelho deu certo, por isso a atualidade dos princípios nele registrados mantém-se intacta, guardando frescor mesmo 2 mil anos mais tarde.

A estrela no céu brilhou,
a mata virgem já escureceu.
Aonde anda o mensageiro de Aruanda,
que até agora não apareceu?

MENSAGEIRO ENTRE DOIS MUNDOS

ROBSON PINHEIRO

PAI JOÃO é mensageiro de Aruanda — o plano espiritual na denominação dos pais-velhos.

Não me recordo da primeira vez em que vi minha mãe cantar sua cantiga predileta, quando desejava evocar Pai João. Lembro-me com vivacidade, porém, de sua imagem à beira do tanque do sobrado que construíra para abrigar a família, na cidade mineira de Governador Valadares. O som da água e do movimento com as roupas, lavando a alma com um pranto mudo, calado, próprio dos momentos mais difíceis. Era um canto triste ou melancólico, de saudade e de afeto. Ao mesmo tempo, era o apelo ao

Alto de quem buscava inspiração e socorro emergencial para seus desafios: "Aonde anda o mensageiro de Aruanda, que até agora não apareceu?". Em certos momentos graves, interpõe-se um silêncio entre dois mundos. É como se o Mundo Maior observasse, discreto, experimentando-nos nas reações diante da vida.

Quando conheci Pai João através da mediunidade de Everilda Batista, ele se manifestava ereto, não adotava a popular aparência do velho, curvado. Expressava firmeza no semblante, voz clara e resoluta, ainda que com a pronúncia típica, lembrando a fala dos escravos da senzala, sem acesso à instrução. Por trás dessa aparência, no entanto, estava um espírito moderno e viril, um preto-velho com vocabulário atualizado e acessível, mesmo em meio às figuras de linguagem próprias de seu passado, expressas nas canções, os chamados *pontos*.

Everilda Batista, que apresentava psicofonia inconsciente e era notável médium de efeitos físicos, transfigurava-se através da doação de ectoplasma, quando João Cobú a assumia no transe mediúnico. Com pouco mais de 1,70m de altura, de repente assumia postura ereta e dava a impressão de estar mais alta que todos nós, caminhando a passos largos. Seu cabelo tornava-se ouriçado, os olhos arregalados, bem abertos mesmo.

Essa canção marcava os instantes em que ela sentia fortemente a necessidade da intervenção do Plano Maior, representado pelo mentor e amigo, ou de maior fortaleza e equilíbrio íntimo.

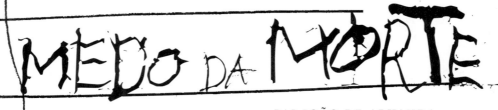

MEDO DA MORTE

PAI JOÃO DE ARUANDA

MEUS FILHOS têm muito medo da morte. Alguns que se dizem mais sábios têm falado que a morte não existe. Mas ela existe sim. A morte que vocês temem não é aquela que existe, pois o que se teme é a passagem para o lado de cá da vida, a forma como a morte pode acontecer, mas dessa morte não há que ter medo, não. Ela é só uma passagem, uma travessia, como se fosse uma ponte ligando dois lados de uma mesma vida.

Afinal de contas, vocês ensaiam todos os dias para a morte. Deitam, dormem e acordam sem se darem conta de que esse é um ensaio da vida para a grande viagem da morte.

A própria natureza ensaia constantemente para mostrar ao homem a realidade da vida. O sol nasce e se põe, renasce no outro dia, mostrando a lição da morte e da vida. Desde as plantas aos animais, morrendo cada dia, tudo demonstra que sempre há um recomeço, uma continuidade e que o que vocês chamam de morte é apenas uma passagem para a verdadeira vida.

Mas a morte que vocês devem evitar é de outro tipo: a morte da consciência. Quando o homem deixa morrer a sua consciência, deixa de amar e passa para o ódio, a vingança, a paixão desenfreada, ou qualquer outra degradação da alma, aí sim, ele está morto. É um cadáver que sai pelo mundo perambulando, um *sem-vida*, que passa pelo mundo, mas não vive, porque não ama. Dessa morte é que vocês têm de fugir, essa morte é que meus filhos têm que evitar.

O contrário, a outra morte que é aparente, é pura ressurreição. Morrer, todo mundo morre um dia, mas desencarnar é deixar os apegos da matéria e tudo o que isso representa. Aí é que pai-velho diz que desencarnar é para poucos. Porque poucos são os que sabem desapegar-se e exercitar a espiritualidade dentro de si. Então, por que ter medo de morrer? Para quem tem a consciência tranquila, morte é vida, recomeço que representa novas oportunidades de realização.

O vento soprou lá nas matas
jogando as folhas da Jurema no chão!
O vento vai soprando,
as folhas vão caindo.
Caboclo vai apanhar
folha no chão!

ECOLOGIA MULATA

ROBSON PINHEIRO

PAI JOÃO SEMPRE gostou de trabalhar com ervas; é profundo conhecedor de fitoterapia. Certa vez me falou do grande respeito que os negros africanos nutriam pela natureza. Pai João falava de uma espécie de ecologia espiritual, uma proposta de integração com a natureza tal qual aprendeu entre os escravos e nos tempos distantes de Luanda.

Quando um negro de sua época adentrava a mata a fim de colher ervas para suas beberagens e *amancis*, ou mesmo colher frutos para alimentação, sempre pedia permissão às forças vivas da natureza.

Como a visão da divindade nos cultos africanos tem características panteístas, há o benefício direto do relacionamento com os recursos naturais como entidades veneráveis. De acordo com a mitologia africana, o orixá não é o deus *da* natureza, como muitos entendem; é deus *na* natureza. Ao contrário da tradição judaico-cristã, que identifica a presença divina *fora* de si, no domínio do intangível, do transcendente, a cultura africana vê o sagrado em cada e toda coisa.

A caça, por exemplo, sempre esteve relacionada à subsistência — jamais o negro abusava da natureza nem abatia animais por esporte ou diversão. Extraía da mãe natureza exatamente aquilo de que necessitava para sua sobrevivência.

João Cobú ensinou-me como colher ervas de acordo com os princípios e a visão que orientavam o negro vindo da África, que hoje a holística e a homeopatia têm retomado. Falou-me de qual o momento do dia mais apropriado para a colheita, em razão da parte da planta que seria utilizada, e como preparar as misturas necessárias para determinados medicamentos. Tive lições de fitoterapia com o espírito Pai João das quais tirei enorme proveito. Embora não seja umbandista, aprendi com ele a respeitar amplamente aqueles que trabalham com os elementos da natureza em suas magias e mistérios.

O espírito amigo ensinou-me a despertar a força vital das ervas e a identificar aquelas com maior ou menor potencial magnético, distinguindo as ervas com teor energético positivo (isto é, *yang,* segundo a terminologia chinesa adotada pela holística contemporânea) daquelas com caracteres negativos (ou seja, *yin*). Ao preparar as ervas, Pai João mostrava como despertar o fluido vital adormecido na seiva: "Acorda, *amanci!*", saúda ele, como que conversando com a planta. Aplicava, com essa finalidade, intensos pulsos energéticos — talvez só agora mais claramente explicados e explorados no campo experimental do espiritismo, com os estudos da apometria. E, a sua maneira, cantava de forma a impregnar as plantas com sua dinâmica espiritual: "O vento soprou lá nas matas...".

DESAPEGO

PAI JOÃO DE ARUANDA

Somos como as folhas de uma grande árvore. Quando o vento passa, nos leva para onde a força da vida indicar.

Todos são espíritos. Todos são imortais.

Nós não temos cor, não temos raça nem bandeira que limite a nossa ação.

Às vezes é preciso que o vento nos leve até determinado lugar para aí desempenharmos uma tarefa. A gente se esconde num corpo quente, num coração amoroso e então renasce vestido de carne, com roupa branca ou preta, ou amarela; bonita ou feia. Quando chega a hora e o vento sopra novamente, partimos, deixamos a roupa usada e rumamos para onde a vida nos conduzir, para viver outra experiência.

Por isso é que devemos nos desapegar das coisas do mundo, mesmo daquelas que são boas. Estamos de passagem. Somos todos peregrinos, romeiros da vida.

Em nossa viagem pelo mundo só possuímos, na verdade, aquilo que doamos, que oferecemos à vida: o amor, as virtudes, o bom caráter. As outras coisas são muletas que usamos para ajudar na caminhada; assim que aprendermos a andar direito, com a cabeça erguida diante da vida, deixaremos tudo de lado para partir rumo a novo aprendizado. Ficará para trás tudo aquilo que nos prende ao chão, à retaguarda.

É preciso se desapegar do mundo. Usar as coisas que estão no mundo sem se submeter a elas. Essa, a verdadeira essência da sabedoria.

Somos todos imortais, espíritos, filhos da vida, de Deus. Coisas passageiras não fazem parte do que é eterno, e o que é eterno não pode ficar preso àquilo que é passageiro.

Pense nisso, meu filho.

Vovô não quer
casca de coco no terreiro.
Só pra não se "alembrar"
dos tempos do cativeiro.

ROBSON PINHEIRO

Um dia Pai João se manifestou e, utilizando uma metodologia toda particular, atendeu às pessoas ministrando passes através do médium, com um leve estalar de dedos. Talvez porque alguém, mentalmente, estivesse questionando seu modo de agir, afirmou:

— Vocês estão com esse negócio de apometria por aí, estalando os dedos e fazendo trabalhos de desdobramento astral. Pai-velho já faz isso há muito tempo!... Mas, quando eram somente os pretos-velhos, todos criticavam o jeito de os velhinhos trabalharem. Agora que os doutores descobriram a apometria, vocês fazem exatamente aquilo que nós sempre fizemos.

Gestos que muitos julgavam cacoetes de espíritos pouco adiantados, como os estalidos, são melhor compreendidos à medida que avançam as pesquisas acerca das chamadas "técnicas de desobsessão de alta eficiência", no dizer de Manoel Philomeno de Miranda, através do médium Divaldo Pereira Franco.[4] Os segredos de alguns pais-velhos, como o estalar dos dedos quando aplicam passes, em certas ocasiões, são finalmente desvendados pela experimentação espírita. A técnica consiste em um recurso para dinamizar as energias que manipulam, alcançando maior impulso magnético.

Não que defendamos esta ou aquela forma de manifestação dos espíritos, tampouco a adoção de qualquer procedimento de modo leviano. Todavia, é importante notar que nada é realizado sem explicação judiciosa, quando se trata de espíritos realmente esclarecidos. Quando algo nos foge ao conhecimento ou quando nos aventuramos ao julgamento precipitado, tenhamos cautela. Às vezes é necessário rever conceitos quanto às diferentes maneiras de se

---

[4] FRANCO, Divaldo Pereira. Pelo espírito Manoel Philomeno de Miranda. *Loucura e obsessão*. Rio de Janeiro, RJ: FEB, 3ª ed., p. 117.

desempenhar uma tarefa, pois não dominamos toda a verdade nem detemos a sabedoria pretendida. Por isso "Vovô não quer casca de coco no terreiro": a visão de quanto permanecemos cativos de certas ideias e de preconceitos, amarrados a dogmas e presos a velhas fórmulas, faz, por analogia, Pai João recordar-se do cativeiro.

Com esse espírito amigo pude compreender melhor o sentido da fraternidade e da cooperação na grande obra de Deus: "União sem fusão, distinção sem separação — é a unidade na diversidade". Cada um traz sua contribuição de acordo com os conhecimentos que possui e com suas habilidades em manipular os fluidos em benefício do próximo.

De cada planta utilizada na fitoterapia, por exemplo, Pai João extrai um ensinamento. Explica as características daquela erva e sua relação com o indivíduo para o qual o medicamento está indicado. Acrescenta ainda: "De nada adianta a pessoa tomar o medicamento da natureza, meu filho, se ela não modificar sua conduta e suas atitudes".

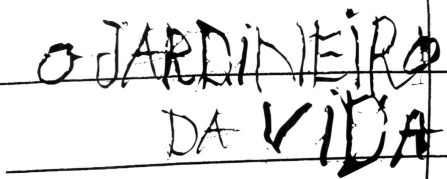

PAI JOÃO DE ARUANDA

UM DIA EU ouvi uma história na senzala. Era mais ou menos assim:

"Um jardineiro saiu plantando flores para embelezar a paisagem triste de um lugar no mundo. Como o chão era muito fértil, as sementes e as mudas foram caindo e brotando, formando um jardim vistoso e bonito. Mas era de uma beleza simples, diferente.

"Junto com as flores nasciam outras ervas, outras plantas que o jardineiro não havia semeado. O jardineiro observava com cuidado, pois havia decidido não arrancar as ervas. Ele iria esperar até o tempo certo e então resolveu adubar e fortalecer as flores. Elas, que já eram tão bonitas, ficaram mais vistosas e

se elevaram acima das outras ervas, que foram sufo-
cadas pela simplicidade e pela beleza das margaridas,
das hortênsias, dos cravos e dos jasmins.

"Tudo florido e bem cuidado, não havia lugar para o mato, que aos poucos foi desaparecendo
diante de tanta coisa bela e boa."

Pense nessa história simples e analise a sua vida,
suas atitudes, o que você tem plantado e o que tem
nascido no jardim de seu coração.

Você vai entender o significado dessa história,
tão simples quanto pai-velho.

10

Salve o povo da Guiné,
viva o povo de Luanda.
Na seara de Jesus
tem lugar pra toda banda.

Pai-velho canta sob a bênção de Oxalá,
que é Jesus, Nosso Senhor,
ou Jeová, o nosso pai Alá.
Cada um faz o que pode,
do jeito que sabe, faz.
Tem lugar pra todo filho
no país de Aruanda.

CRÍTICAS

ROBSON PINHEIRO

LEMBRO-ME DE UM dia em que alguém criticava companheiros de outras religiões e sua forma de culto, de adoração a Deus. O comentário era feito por um companheiro espírita que defendia a "pureza doutrinária" e a ortodoxia reinante em diversos setores do movimento espírita.

Pai João, que conhece bem o valor do silenciar e do emudecer, sabe, por outro lado, detectar o momento em que é pertinente fazer suas observações. Não se calaria diante de algo que pudesse prejudicar "os filhos de nego-velho", como fala.

Ao contar esse episódio, parece que vejo novamente meu pai — que nunca foi espírita, mas sempre conviveu com a mediunidade — a esbravejar pela casa em que morávamos, enquanto minha mãe ainda estava encarnada. Ele reclamava de Pai João, que informava Everilda Batista das atitudes menos confessáveis do marido e dos filhos:

— Esse velho morreu, mas esqueceram de enterrar sua língua! Ela continua solta por aí, feito um chicote!

No final daquela reunião, em que os comentários evocavam a intolerância religiosa, o pai-velho assume o médium e fala, de forma a tocar os corações e despertar profundas reflexões em nossa mente. Em vez de repreensão, aumenta a tonalidade e o volume da voz, utilizando ectoplasma, e transforma sua fala em canto: "Salve o povo da Guiné...".

PAI JOÃO DE ARUANDA

Que é isso, meu irmão? Por que falar da casa do outro quando a nossa casa está cheia de motivos para transformação? Por que citar os insucessos espirituais alheios, quando nos falta muito para aprender, caminhar e acertar?

Não perca tempo relatando ocorrências infelizes dos outros. Eles também, tanto quanto nós, se esforçam como podem para abolir a miséria de muita gente e resgatar sua dignidade perdida. São despenseiros do bem, trabalhando em nome do Nosso Senhor, em outra seara, com outros instrumentos.

Se nós estivéssemos no lugar deles, talvez não soubéssemos agir de forma diferente.

Mas, no lugar em que nos encontramos, servindo conforme a cartilha que seguimos, deixamos muito a desejar. Falta-nos imenso caminho a percorrer até que possamos ser considerados verdadeiros trabalhadores do nosso Pai.

Pense nisso, meu filho, e aprendamos juntos a dominar a palavra que sai de nossa boca e a controlar os comentários infelizes com relação àqueles que foram chamados por Jesus para realizar um tipo de tarefa que nós rejeitamos fazer.

Lá vem vovô
descendo a ladeira
com sua sacola.
É com seu rosário,
é com seu patuá,
ele vem de Angola.
Eu quero ver, vovô,
eu quero ver,
eu quero ver
se filho de Zâmbi tem querer.

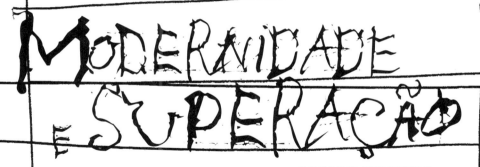

Modernidade e Superação

ROBSON PINHEIRO

O AMIGO PAI João não nos abandonou nem mesmo quando as crises aparentemente embotaram nossa visão espiritual. Sempre esteve a velar por nós, e foram inúmeras as vezes em que diversos companheiros perceberam a presença do amigo espiritual ao seu lado, observando e orientando conforme a necessidade.

Não somente na roupagem de preto-velho, mas também como o médico Alfred Russell, tem marcado presença pela extrema firmeza em seus ensinamentos, e tem sido exemplo por sua fidelidade ao compromisso assumido. "Filho de Zâmbi não tem querer", ou seja, quando assumimos determinada responsabilidade, é a vontade do Alto que prevalece — de um e outro lado da vida.

Certa vez alguém lhe perguntou por que não pedia cachimbo através do médium nem sentava num toco de madeira. Pensando um pouco, talvez para não ferir a sensibilidade de quem indagava, redarguiu:

— Em que ano nós estamos, meu filho?

— Em 1998, Pai João — respondeu o indivíduo.

— Em que século estamos, meu filho?

— Século XX, às portas do XXI.

E com sua voz, ouvida por todos, o pai-velho complementou:

— Nego fica aqui imaginando como o meu filho ficou parado no tempo. Se nós estamos no ano de 1998 e no final do século XX, como meu filho quer que nego-velho fique sentado em toco de pau ainda hoje, quando no mundo a tecnologia já inventou a cadeira, o sofá e as poltronas confortáveis? Imagine, meu filho, que isso é do tempo do cativeiro, época que só sobrevive na memória de pai-velho. Nego viveu naquela época, mas não ficou parado no tempo, como meu filho.

E ele prosseguia:

— Imagina você, meu filho, colocando vários pedaços de pau, de tocos de madeira em sua casa para as visitas sentarem... E, quanto ao cachimbo, será que toda pessoa velha tem de fumar e andar encurvada? Você nunca conheceu um velho que não aprecia cigarro, cachimbo e coisas semelhantes? Pai João não tem problema de coluna para andar curvado feito gente torta. Também nego-velho é espírito moderno, meu filho. Não fuma, não bebe e nem se assenta em tocos, não. Não se esqueça — completou Pai João —, não se esqueça que nego tem bom gosto, e esse negócio de se sentar em tocos de madeira já passou. Os pretos-velhos já se atualizaram, meu filho. Acorda e vê se vive o tempo de hoje.

PAI JOÃO DE ARUANDA

MEU FILHO está confuso? É preciso coragem para modificar, para decidir e ousar. A vida, meu filho, só permite a vitória daqueles que ousam, que decidem, que realizam.

Quando a crise visita os meus filhos, é que já é hora de modificar alguma coisa.

A crise é sentimental? É preciso modificar a visão a respeito de si e do outro e promover as mudanças. O amor só sobrevive se for alimentado, adubado e regado com carinho, doçura, pequenos gestos; enfim, uma série de coisas aparentemente pequenas, muito importantes para manter a vida sentimental.

A crise é econômica? Que tal modificar a forma de gerenciar sua vida, seus negócios e suas próprias aspirações?

A crise, quando se apresenta na área social, é um convite à reavaliação de suas posturas, de sua forma de ver a vida e de seu envolvimento com o mundo e a sociedade.

É preciso que as pessoas se sintam apaixonadas, meu filho. Sem envolvimento, sem apaixonar-se por uma ideia, uma pessoa ou um ideal, a vida parece perder o sabor.

Qualquer crise, meu filho, é uma forma mais direta que a vida encontra de nos dizer que temos de modificar algo ou nós mesmos.

Isso não é fácil, eu sei! Mas é possível realizar. Os desafios existem para estimular a gente a crescer e encontrar uma saída mais simples, ou para nos empurrar rumo a uma solução que está muitas vezes ao nosso lado o tempo todo. É que a gente se acostuma fácil com a boa vida e se acomoda.

"Deus ajuda a quem cedo madruga" — esse aforismo popular é reflexo da mais pura realidade. É fundamental começar cedo a se organizar e a procurar soluções.

Quando falo em organização, meus filhos acham que é algo difícil de realizar. Mas afirmo que as coisas só são difíceis enquanto você achar que é difícil. Quando os meus filhos decidirem que é preciso, que é possível, e assim aliarem sua vontade de realização ao conhecimento de sua necessidade, aí será fácil.

Reclamar, chorar e adiar decisões não resolve problema algum.

Aliás, meu filho, tem algumas coisinhas que você poderá fazer em benefício próprio. Não adie aquilo que você tem de fazer. Adiar é uma forma de sabotar a si próprio. Não procure culpados ou culpas; vá atrás de soluções e assuma sua responsabilidade. Aprenda a se organizar e agir.

Meus filhos estão acostumados a reagir e, então, não conquistam a vitória. Choram e lamentam, mas ainda isso é uma reação. Seja uma pessoa ativa. Em vez de reagir, aja. Uma ação é muito mais inteligente do que uma reação.

É preciso ter coragem para mudar. As crises são o grito da vida nos chamando à modificação.

*Vovó vem descendo a ladeira
carregando o seu ramo de guiné.
Ela foi parteira
das negras da senzala,
mas também das sinhás,
filhas de fé.*

12

CILADAS

ROBSON PINHEIRO

EM UMA SESSÃO espírita, quando todos menos esperavam, manifesta-se um espírito com todos os trejeitos de preto-velho. O médium, experiente e educado em sua função, começa a estremecer, falar pausado e num tom que não era habitual. Logo se deu o veredicto do dirigente da reunião:

— É um obsessor!

O preto-velho fala matreiro, devagar e da forma peculiar a espíritos com essa característica. O derradeiro acontecimento se dá quando resolve pedir uma bebida. O dirigente fica fora de si:

— Pai-velho está com sede e só queria seu sangue de Cristo — como se referia ao vinho.

— Espírito não bebe, meu irmão. Não precisa. Nem água! E bebida alcoólica ainda traz sérios danos ao perispírito e é sinal de atraso espiritual.

O pai-velho, como não tivesse ouvido, insiste:

— A marafa... Dê a marafa de nego-velho! — Era cachaça que solicitava, para o escândalo do dirigente.

Diante da negativa expressa na face e no pensamento do doutrinador, o espírito resolve pedir seu pito, o cachimbo:

— Então nego-velho quer fumar de todo jeito...

O dirigente, profundo conhecedor da doutrina espírita, procurava doutrinar o obsessor em forma de preto-velho. Estava obstinado:

— Espírito não fuma, meu irmão! Além do mais, o fumo polui as energias espirituais e envenena os fluidos.

O pai-velho insistia, e o dirigente, imbuído do desejo de libertar aquela alma sofredora, lutava procurando doutriná-lo. Em determinado momento, o espírito interpela seu interlocutor:

— Me responda uma pergunta, meu filho. É que nego-velho é caduco, sabe? E, além de velho, já está morto há tanto tempo que sua memória falha, de vez em quando.

— Pergunte, meu irmão. Estamos aqui para esclarecê-lo a respeito das leis espirituais — a voz do dirigente soava solene, pois acreditava ter convencido o espírito perturbado.

— Será que tem duas leis, uma para os desencarnados e outra para os encarnados? Ou a lei de Nosso Senhor Jesus Cristo é a mesma para todos?

— É a mesma, meu irmão. Só há uma lei, que é a lei de Deus — tanto para os encarnados quanto para os desencarnados.

Como se fizesse esforço meditativo, após uma pausa, o preto-velho sacode o médium e formula nova pergunta ao dirigente:

— Então, meu filho, me esclarece: por que, se a lei de Nosso Senhor é a mesma para todos, encarnados e desencarnados, meu filho diz que preto-velho não pode fumar nem beber e nego vê um maço de cigarro no bolso de meu filho, que, depois, vai sair por aí tomando a *espumosa*?[5]

[5] *Espumosa* é o modo como pais-velhos costumam se referir à cerveja.

Sem respostas para o espírito, o dirigente fica atônito. Logo após se calar, o espírito transfigura-se e modifica a disposição mediúnica. Era o mentor espiritual da casa:

— Sou eu, meus filhos, que vim para trazer a mensagem de fraternidade e de reflexão. De terça a sexta-feira, atendo em um terreiro de umbanda, onde sou Pai José. E aqui, prossigo trabalhando na seara de Jesus, utilizando outra roupagem.

REFLEXO DE DEUS

PAI JOÃO DE ARUANDA

DÚVIDA, MEU filho? Observe o sol nascendo todas as manhãs e as estrelas iluminando a noite como uma colcha de luzes...

Não encontra prova da existência de Deus?

Olhe no espelho e veja a alma de Deus refletida em sua própria alma. Abra os olhos, feche-os novamente; abra e feche as próprias mãos e sinta o grande milagre da vida refletindo a grandeza do seu autor.

Lamenta e chora ainda?

Deixe as lágrimas se derramarem sobre as feridas da alma, mas cuidado, meu filho, para não se afogar em pranto e lamentações. Deus espera que você seja a materialização dele para o aperfeiçoamento do mundo. Como filho do Pai, embaixador das estrelas, saia por aí sorrindo e enxugando as lágrimas daqueles que sofrem. Abra os olhos para a vida e verifique: aquele dentre nós que teve todos os motivos para reclamar das dores do mundo, que recaíam sobre si mesmo, morreu de braços abertos para o próprio mundo.

Por que, então, permanecer com os braços cruzados, aí sentado?

Levante-se, vibre e viva!

Deus espera em você...

13

Junta as ervas da Jurema:
alfazema, alecrim
e um ramo de guiné.
Reza pra Nossa Senhora ajudar.
Preto-velho
vai guiar filho de fé.

RECEITUÁRIO

ROBSON PINHEIRO

"LEVANTAR ÀS 5 horas da manhã para fazer uma oração e ler?" — interroguei-me mentalmente.

A recomendação de Pai João para o caso causara-me espanto. Contudo, a orientação era essa mesmo — mas não era só. O indivíduo deveria levantar-se e ler a página de determinado livro. Em seguida deveria colher algumas rosas brancas num terreno próximo e fazer um banho com as ervas em infusão. Durante o banho era preciso rezar, e, após reler com atenção outro trecho do livro indicado, depositaria as pétalas utilizadas nas águas de um riacho específico, distante de sua residência.

Tomado de grande estranhamento ao deparar com o receituário mediúnico que destoava do estilo de Pai João, questionei-o acerca do porquê de tanta complicação e desse tipo de indicação.

— Ah! meu filho — respondeu-me —, é que este companheiro não está preparado ainda para questões transcendentes. Ele está muito ligado a rituais e coisas materiais. Nego-velho, conhecendo sua dificuldade para questões espirituais, intentou incentivar a meditação e a oração. Como é um companheiro muito querido, pai-velho pediu certas coisas para ele. Na verdade, o fato de acordar tão cedo e colher as rosas para tomar o banho não tem tanta importância assim, mas indiquei isso como forma de despertar a mente dele para a meditação. Levantando mais cedo, estará com a mente mais disposta. Fazendo as orações antes e durante o banho, ele se sintonizará com as forças soberanas da vida e, ao levar o restante das pétalas para o riacho que se localiza distante, ele terá de pensar no que leu, meu filho.

Com um misto de surpresa e admiração, ouvi o espírito arrematar suas explicações:

— Pai João está utilizando elementos materiais

para despertar questões espirituais. Além do mais, meu filho precisa mesmo tomar banho; afinal, o cheiro das rosas é preferível ao de suor ou da falta de banho, não é?

SEM LIMITES PARA SER FELIZ

PAI JOÃO DE ARUANDA

MEU FILHO, por que se entregar à tristeza? Melancolia e depressão não levam a lugar algum — a não ser à cama ou ao hospital.

Aprenda a se ocupar com coisas boas, a perceber o lado bom de tudo e veja quanto falta ainda por realizar. Gente deprimida e triste não produz qualidade. É preciso dar mais valor a você mesmo. A vida pede maior qualidade.

Entenda que você é responsável por tudo o que está acontecendo com você mesmo.

Isso o assusta? Mas é isso mesmo. Você só está assim porque você permite.

Sabe o que lhe faltou, meu filho? Faltou senso de limite. Limites para você e limites para os outros. Você perdeu o controle da situação e agora lamenta. Isso não adianta. Atitudes derrotistas não resolvem, apenas aprofundam os problemas.

É preciso primeiro conscientizar-se de que ninguém é responsável pela sua infelicidade, a não ser você mesmo.

Mas... em compensação, somente você é capaz de reverter a situação. Ficar em casa, preso em lamentações, desejando a morte, não fará você feliz, não trará o sol para a sua vida. Levante-se, ouse, modifique a situação. Arrume-se, vista-se com maior cuidado e carinho, aprenda a se perfumar com o sorriso e saia pelo mundo cantando e dançando para a vida. Abra um sorriso largo em seu rosto.

Conheça e faça novos amigos, conheça pessoas diferentes. No mundo, meu filho, há 6 bilhões de pessoas. Por que se prender apenas a este círculo reduzido de gente deprimida? Saia para a vida e para viver. Conquiste seu espaço, sua felicidade e seu mundo.

Depressão é para quem não quer fazer nada. Quem trabalha pela própria felicidade e pela conquista da vida não encontra tempo para se lamentar.

14

Valei-me, minha Santa Teresa,
me valei, minha Santa Isabel.
Me valei, meu anjo da guarda.
Ai, meu Deus,
me valei, meu São Gabriel.

ROBSON PINHEIRO

PAI JOÃO ME contou que, quando vivia na Bahia, após a sua reencarnação nas fazendas pernambucanas, tinha um gosto particular por certa canção cuja letra falava de diversos santos, e que o acompanhava nos momentos graves e de dificuldades.

Perguntei a ele por que evocar santos e anjos, afinal, ligando-se a uma tradição bem católica, ao que me respondeu:

— Meu filho, na hora do sofrimento não tem lugar para orgulho, não. A gente pede a todo o mundo mesmo. São tantos santos e anjos inventados pelos padres... E, se de repente algum deles estiver desatento e um outro falhe, sempre tem mais um! A gente grita por tudo que é santo e ainda arranja mais alguns.

Complementava:

— No Brasil, meu filho, a gente vê um povo de fé e coragem diante do sofrimento. Domingo, todo o mundo vai à missa. À noite, à igreja evangélica, clamar pelo sangue de Jesus. Mais tarde, lá estão as mesmas pessoas no centro espírita, tomando o passe e a água fluidificada, atentas às palestras. Mas isso tudo, meu filho, é antes da dificuldade apertar mesmo. Nessa hora, até os mais ortodoxos recorrem aos pais-velhos. Quanto dirigente de centro espírita há que não admite pai-velho trabalhando e muitas vezes critica os pretos-velhos... Na hora grave, se ajoelha aos pés de um médium num terreiro qualquer. Abate seu orgulho, engole as pretensões e pede ajuda a nego-velho. Esse é o retrato da terra brasileira, meu filho, terra boa, fraterna e amiga. Quando fica difícil, cada um sai pedindo a um santo. Vai que ele atende, não é, meu filho? Ninguém vai reclamar...

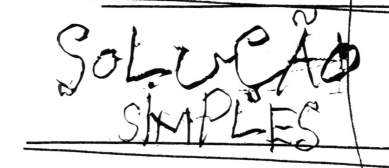

PAI JOÃO DE ARUANDA

PRA QUE CHORAR? Por que se lamentar? O tempo que você gasta derramando lágrimas é o mesmo que você ganharia construindo algo de positivo em sua vida. Você fica aí chorando e reclamando, curtindo raiva e mágoa e nem ao menos sabe que você é o maior prejudicado?

Primeiramente perde um tempo muito precioso com essa lamúria toda; depois, meu filho, você passa por chato e fraco diante daqueles que elege para ouvir suas mágoas. E depois? Bem, assim se lamentando, perde a oportunidade de dar a volta por cima e fazer alguma coisa realmente boa de sua vida.

Seu fígado funciona mal; você perde a noite de sono fazendo terapia com o travesseiro e, ao acordar, fica feio, com olheiras e de mau humor. Descobre então que seus problemas continuam os mesmos de antes e que perdeu a noite em vão.

Por isso, filho, pare com essa situação agora mesmo e arranque de você essa raiva. Vomite esse ódio e rancor, essa angústia e lamentação. Não permaneça mais tempo agasalhando dor.

Se você resolver agora identificar a causa de tanta angústia, choro e reclamação, aposto que não conseguirá mais saber a razão. É que você está acostumado a fazer tempestade em copo d'água.

Cuidado, tem gente que se afoga nas próprias lágrimas, meu filho.

Levante a cabeça e tome uma decisão inteligente. Aja com sabedoria. Você é filho de Deus e irmão de Nosso Senhor Jesus Cristo. Tem uma vida inteira pela frente aguardando você, para ser vivida com qualidade.

Não perca tempo com lamentações... Levante-se e ande! Jesus espera você para transformar o mundo num lugar muito melhor, começando em você mesmo. Em geral, a energia que se emprega para derramar lágrimas de lamentação é a mesma que você investe quando auxilia o próximo.

Pense nisso, meu filho, e vá em frente. A felicidade aguarda por você.

15

Quem vem de lá
e de tão longe?
É os pretos-velhos
que vêm trabalhar.
Dai-me forças,
pelo amor de Deus!
Ó meu Pai,
dai-me forças
pros trabalhos meus!

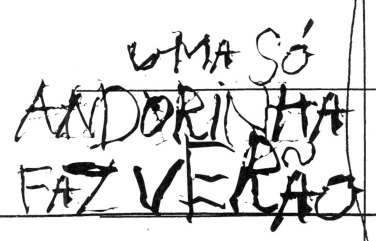

UMA SÓ ANDORINHA FAZ VERÃO

ROBSON PINHEIRO

LEMBRO-ME DE certa ocasião em que Pai João se apresentava para o trabalho e conversava com alguém que manifestava sua insatisfação com as questões da vida e com a forma como vinha desempenhando suas atividades no centro espírita. Alguns dias mais tarde, esse mesmo indivíduo se envolveria numa discussão que provocaria seu afastamento temporário do grupo — fato que nós desconhecíamos àquela altura dos acontecimentos. E Pai João dizia:

— Meu filho, nós amamos nossos médiuns.

Sem nossos *cavalos*[6] não temos campo de trabalho. E nós amamos tanto nossos médiuns que, quando eles caem, nós já nos encontramos no chão para amparar os filhos de nego-velho. Assim, a gente amortece a queda de meus filhos, que caem sobre os braços de Pai João.

Voltando-se para todo o grupo reunido, prosseguia ele:

— Vocês acaso pensam que deixamos de amparar as pessoas que passaram pelo trabalho só porque hoje já não fazem mais parte da equipe aqui reunida? Há os cometas, que passam, e há as estrelas, que brilham durante mais tempo no universo desta seara. Mas essa distinção não impõe que deixemos de acompanhar, nos envolver e nos interessar por aquelas criaturas que foram importantes para o trabalho. "Gratidão é memória do coração", diz a máxima. Cada pessoa que investiu, por um instante que

---

[6] O termo *cavalo* é uma maneira peculiar de se referir ao médium, bastante usual na umbanda.

seja, no trabalho dos Imortais, torna-se merecedora eterna de seu amparo e proteção. Vocês podem até se esquecer de incluir os nomes daqueles companheiros em suas preces, mas nego-velho tem um *menino*[7] responsável por cada trabalhador que por aqui passou. Assim nego se mantém informado de tudo que está ocorrendo com seus filhos...

Com esse pensamento em mente, inúmeras vezes presenciei Pai João mobilizar enormes recursos de tempo e energia em favor de um só indivíduo, ou em prol de um objetivo que poderia ser considerado por muitos de menor relevância, diante de tantos afazeres e responsabilidades.

No que se refere ao caso citado no início desta narrativa, uns dias mais tarde fizemos uma reunião sob a tutela de Pai João, procurando aliviar o comprometimento espiritual e energético do companheiro envolvido, que se afastara da tarefa.

---

[7] É próprio de Pai João designar os espíritos guardiões que se encontram sob seu comando como *meninos*.

— Me dê duas horas, que vou *virar* a situação.

Queria dizer que ia reverter o processo no campo dos pensamentos e emoções e que traria a pessoa de volta. Dito e feito: no terceiro dia, o trabalhador estava de volta às atividades. Depois, viriam as consequências; no momento, apenas o socorro emergencial interessava, visando amenizar as dificuldades futuras.

Ajudar sem impor condições e movimentar-se em favor de uma alma, porque ela é importante, merecedora de todo o auxílio. Faz-me lembrar das palavras de Jesus, registradas no Evangelho:

"Se um homem tiver cem ovelhas, e uma delas se extraviar, não deixará ele as noventa e nove nos montes e irá em busca da que se desgarrou? E se a acha, em verdade vos digo que maior prazer tem por aquela do que pelas noventa e nove que não se desgarraram. Assim também não é a vontade de vosso Pai que está nos céus que um destes pequeninos se perca".[8]

[8] Mt 18:12-14.

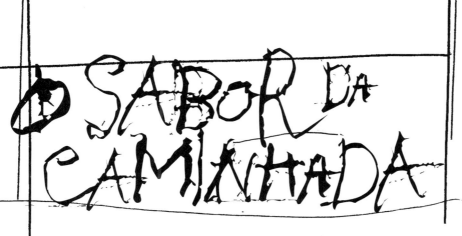

O SABOR DA CAMINHADA

PAI JOÃO DE ARUANDA

A VIDA PARECE muitas vezes difícil. Eu sei! E você ainda diz, meu filho, que a vida é dura... Pai-velho lhe fala com todo o carinho que essa dureza da vida é só aparência, pois, se a vida lhe parece dura, é porque você é mole.

O vencedor na vida é aquele que não abandona a jornada e prossegue confiante, superando os obstáculos. Numa corrida, o atleta encontra, naturalmente, desafios a vencer e muitas barreiras, que exigem mais disposição, firmeza e coragem. Nenhuma vitória é conquistada sem lutas.

Se você adotou uma ideia, uma doutrina ou filosofia, não espere que as coisas sejam fáceis. Surgirão dificuldades, que servirão de teste para averiguar sua competência e seus valores.

Se você empreende um negócio, não seja imaturo a ponto de pensar que tudo será como um mar de rosas. Como todo ser humano, você só atingirá a tranquilidade após o esforço da conquista.

Sem aqueles espinhos, sem as pedras e desafios ou as sinuosidades do caminho, não aprenderíamos o valor das experiências, nem teríamos noção da grandeza da vitória. Enfim, sem os obstáculos, meu filho, ninguém conseguiria saborear a vida e o viver.

Aprenda a viver o caminhar, a sentir o sabor do percurso, e quem sabe você não perceberá a beleza da paisagem?

Não espere a vitória plena a fim de se alegrar, de se descontrair ou usufruir as coisas boas. Aproveite a caminhada e aprecie a beleza ao seu redor *durante* a jornada. A viagem rumo à vitória é mais saborosa em seu percurso que na linha de chegada.

Se lhe parecem difíceis os dias e você se encontra ligado ao trabalho nobre e ao compromisso com o Alto, imagine como seria, então, caso você estivesse desligado da fonte sublime que alimenta sua alma.

Honre, portanto, a oportunidade que Deus lhe concedeu e, aprendendo a ampliar seus próprios limites, prossiga fiel ao chamado divino. A sua felicidade é permanecer conectado à seiva viva do amor.

Pense nisso e reavalie suas decisões.

16

Minhas três estrelas,
minhas Três Marias,
já chegou sua hora,
já chegou seu dia.
Minhas três estrelas,
minhas três senhoras,
já chegou seu dia,
já chegou sua hora.

ROBSON PINHEIRO

Acredito que a canção "Minhas três estrelas..." foi o jeito escolhido por Pai João para falar a uma mãe angustiada acerca da fase que seus três filhos pré-adolescentes estavam vivendo.

A chegada da adolescência dos filhos é sempre um momento de encruzilhada para os pais. É hora de profundas transformações – em cada um dos envolvidos e também no relacionamento entre eles.

Lembro que o apóstolo Paulo escreveu: "Quando eu era menino, falava como menino, pensava como menino, raciocinava como menino. Mas logo que cheguei a ser homem, acabei com as coisas de menino".[9] Essa transição não se dá sem turbulências.

---

[9] 1Cor 13:11.

"Já chegou seu dia, já chegou sua hora." A mãe precisava compreender que, por mais difíceis que fossem as escolhas de seus filhos, ela deveria aprender a conviver com elas e saber respeitá-las. A partir dali, a maturidade os obrigaria a tomar mais e mais decisões amparadas em seu próprio juízo, e justamente isso é que permitiria o desenvolvimento da consciência de serem responsáveis pelos próprios atos.

Sem apregoar a libertinagem, Pai João queria dizer com sua cantiga que aquele era um processo irreversível, chamado *amadurecimento*, e que era inútil resistir a ele, ou medir forças com a vida. Os filhos deveriam crescer; a mãe deveria dar-lhes a oportunidade do equívoco e do aprendizado, como ela mesma um dia a conquistou, provocando — quem sabe? — angústia semelhante no coração de seus pais.

ESTRELA

PAI JOÃO DE ARUANDA

QUE É ISSO, meu filho? Você foi feito para brilhar... Por que, então, tanta vergonha assim de se expor? Por que tanta baixa-estima? Acorde para a vida e se entregue às correntezas do amor. Foi Jesus quem disse que somos deuses, somos luzes. Mas a luz deve ser colocada bem alto, a fim de iluminar toda a casa. Portanto, brilhe, ilumine, apareça.

Se você pretende passar-se por humilde, e desse modo deseja ficar escondido, os outros ainda assim falarão de você: dirão que é covarde. Só os covardes se escondem, murcham e se inibem diante da vida. Se quer permanecer apagado, e desse modo resolve ficar somente dentro de casa, dirão que é preguiçoso...

Por isso, meu filho, não se acanhe em se mostrar, em aparecer, em ser uma candeia em cima do alqueire, como afirma a parábola.

"Vós sois o sal da terra" — disse Nosso Senhor. E, pelo que sei, é impossível que o sal passe despercebido. Jesus mesmo assinalava esse fato: "Mas se o sal se tornar insípido, com que se há de salgar?".[10]

O destino de todos é brilhar no bem, realçar o lado bom, é mostrar-se otimista e alto-astral, como se diz hoje em dia. O pessimismo, a depressão e a tristeza persistente são estados alterados de humor e também representam doenças da alma.

Levante a cabeça, cresça, apareça e sorria para a vida. Você é um representante de Jesus, um embaixador das estrelas. Não há como seguir Jesus e permanecer escondido com conceitos falsos de humildade. Seguir o bem ou seguir Jesus significa expor-se, aparecer, ser diferente ou apresentar um diferencial, que se chama *qualidade*.

---

[10] Mt 5:13.

Não se deixe abater. Você foi feito para ser feliz e, como uma flor, perfumar, ser belo, feliz e contribuir para que o mundo seja muito melhor. Levante-se e tome posse da felicidade.

Se qualquer um disser que você quer aparecer ou que está desejando ser estrela, admita que é isso mesmo. Se alguém não deseja crescer, aparecer ou expor o seu lado bom e ser uma estrela no palco da vida, então encontra-se doente. Precisa urgentemente de terapia — da terapia do autoamor e da autovalorização do Evangelho.

Continue você a brilhar e ilumine a noite do mundo com a luz que deve irradiar de você mesmo.

"Vós sois o sal da terra. (...) Vós sois a luz do mundo."[11] Isso é a mais pura verdade, e não foi nego-velho quem falou: foi Jesus, Nosso Senhor.

---

[11] Mt 5:13-14. Todas as citações bíblicas foram extraídas da BÍBLIA de Referência Thompson. São Paulo, SP: Ed. Vida, 2004. Tradução contemporânea de João Ferreira de Almeida.

Caminhando devagar,
preto-velho vai adiante.
Não detenha os passos, filho,
pois pai-velho diz: Avante!
O caminho está difícil?
Provação ou tempestade?
Permanece no caminho,
até que surja claridade.

EMISSÁRIO DO ALTO

ROBSON PINHEIRO

"SE ESTÁ DIFÍCIL dentro do barco, meu filho, imagine ao desabrigo da embarcação. Se a tempestade abala aqueles responsáveis pelo timão e pelo içar das velas, meus filhos, imagine aqueles que estão sós, náufragos no mar da vida. Não que alguém esteja livre de intempéries e dificuldades, mas imagine enfrentar esses momentos graves pelos quais passa o planeta Terra, momentos de decisão, sem o amparo do Alto e o aconchego do próximo. O desamparo não é atributo da lei divina, mas é a dedicação a um ideal nobre e elevado que nutre a alma dos meus filhos, doente e carente de amparo. Não se esqueçam disso, meus filhos."

Talvez devido a suas características pessoais — certamente influenciado pelo estilo de trabalho do mentor espiritual da Sociedade Espírita Everilda Batista, o espírito Alex Zarthú, o Indiano,[12] que sempre opta pela discrição e pela sutileza —, Pai João de Aruanda é geralmente o enviado das horas especiais, ou, como prefere chamar Zarthú, dos *momentos mágicos*.

Destemido e resoluto, espírito experimentado nas dores da vida, Pai João faz-se portador da mensagem do Alto para os momentos de gravidade. Zarthú prefere enviar um espírito que lhe sirva de médium confiável e que transmita as ideias aos trabalhadores da casa espírita falando-lhes profundamente ao coração. Dessa maneira, Zarthú, mesmo distante da percepção dos médiuns, assegura sua presença de modo inquestionável, sutil, embora intenso. Além disso, dá àquele que sabe das dores humanas oportunidade de abordar os *filhos de Terra* de perto, de igual para igual, como Pai João bem sabe fazer.

---

[12] O espírito Alex Zarthú possui, até o momento, três livros pela psicografia de Robson Pinheiro, editados pela Casa dos Espíritos Editora: *Serenidade: uma terapia para a alma*, *Superando os desafios íntimos* e *Gestação da Terra*.

UMA CHANCE AO AMOR

PAI JOÃO DE ARUANDA

DÚVIDA? LAMENTAÇÃO? Coração sofrido? Não se entregue, meu filho. Erga-se para a vida. Todo obstáculo é desafio divino para a conquista da felicidade. Não se permita lamentar-se e sofrer.

Deus abre as janelas da vida para que seus filhos aprendam a valorizar as coisas belas e boas. Não fixe o pensamento no mal aparente. Esforce-se para realçar o lado brilhante, as coisas boas e positivas e as situações mais felizes. Quando alguém fixa uma pedra no caminho, ao olhar em volta a visão estará viciada e verá mais pedras projetadas a sua volta.

Caso alguém não o compreenda ou rejeite suas manifestações de amor e carinho, não se detenha. Procure amar mais e encontrará, em outro lugar, uma pessoa que se sintonize com você. O amor é como um bumerangue, você joga e ele sempre volta, acompanhado de outro coração. Não adie a sua felicidade.

Enquanto você não encontrar a paz desejada e a felicidade sonhada, aprenda a ser um mensageiro da vida, levando esse amor represado a outras pessoas que estão ao seu lado.

Talvez você não tenha parado para perceber quanta gente está clamando por uma migalha do seu carinho e do seu amor. Assuma-se, meu filho. Assuma o amor.

Tenha coragem de vencer os desafios e prosseguir a sua caminhada. Felicidade não cai do céu, como chuva. Ela sempre será conquistada, e, afinal, você não é diferente dos outros. Todo o mundo só conquista a felicidade através de muita dedicação, trabalho e amor.

Isolar-se por rebeldia não o levará a nada. Permita-se inovar; entregue-se à vida e vibre em sintonia com aqueles que o amam. Dê uma chance a si mesmo.

É preciso coragem para ser feliz, assim como é preciso muito tempo para sentir-se jovem.

É isso aí, meu filho; enxugue as lágrimas, pare de lamentar-se e aprume-se. Enfeite-se de sorriso e decore sua vida com o belo. Só depende de você ser feliz — aqui e agora. Quem ama se envolve; não se afaste dos outros e nem se entregue à falsa ideia de solidão. Só ficam sós aqueles que não amam.

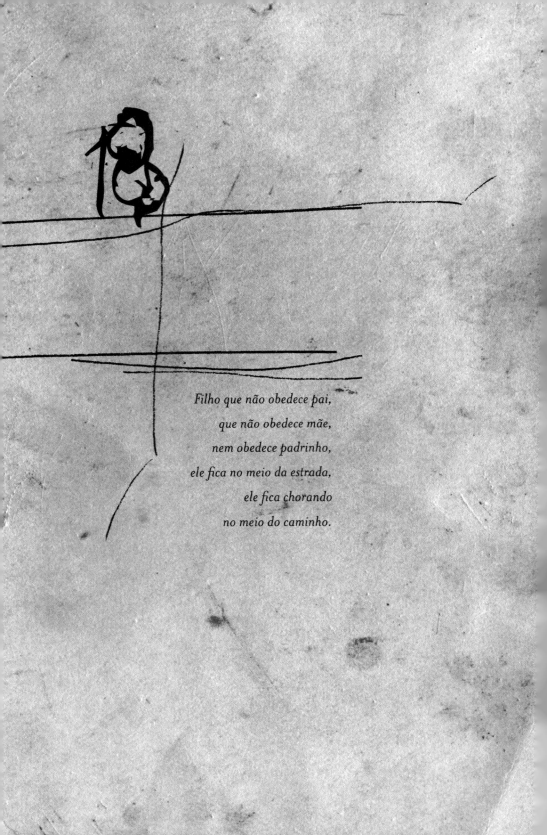

Filho que não obedece pai,
que não obedece mãe,
nem obedece padrinho,
ele fica no meio da estrada,
ele fica chorando
no meio do caminho.

SOLIDARIEDADE DISCRETA

ROBSON PINHEIRO

DURANTE UMA reunião mediúnica, Pai João nos abordou cantando, sem nada falar. Para alguns, prova de inferioridade — afinal, espírito não precisa cantar. Não é a maneira habitual de um espírito trabalhar, ao menos nas lides espíritas.

Contudo, Pai João, que não tem compromisso com nenhuma espécie de etiqueta nem com códigos do *status quo* mediúnico, queria chamar a atenção de determinado companheiro devido a sua atitude para com a família. De forma alguma poderia falar abertamente. Assim, devido à ética e ao bom senso, que não permite expor situações privadas diante de todos, salvo em casos especiais, preferiu cantar, na sua voz de barítono, uma canção cabocla, cujos versos singelos revelavam que sabia o que ocorria com o casal.

O espírito amigo possui um jeito todo especial de demonstrar, a quem é de interesse, que sabe o que se passa nos corações e conhece o pensamento daqueles que clamam por auxílio — e solidariza-se com a dor alheia.

Pude vê-lo agindo assim através da mediunidade de minha mãe, Everilda Batista, quando as situações se referiam ao nosso círculo familiar — nem assim ele expunha nossas dificuldades. Hoje, quando relembro o passado, mais ainda admiro o valor desse espírito. Mesmo sabendo das nossas deficiências, nem por um momento aproveita-se de seu conhecimento para sujeitar-nos a qualquer constrangimento.

Ao cantar, deixa por conta de cada um a interpretação de seus versos, que têm destinatários múltiplos, à medida que cada qual for capaz de se ver reconhecido nas lições, cheias de sua negritude luminosa.

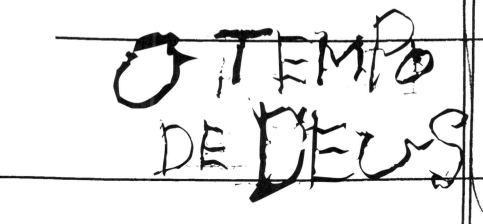

PAI JOÃO DE ARUANDA

Deus não tem pressa! Mesmo que os meus filhos, que se consideram rebeldes, não atendam de imediato ao chamado da eternidade, Deus sabe esperar.

Ainda que nossa fé ameace se apagar, como uma chama que se esvai, Deus espera que nos reacendamos com a força oculta do amor. Quando nossos dias parecem tumultuados e nossas emoções nos fazem mais sensíveis, Deus sabe esperar.

Na verdade, meus filhos, Deus, que é Pai, não espera pessoas capacitadas para servi-lo na tarefa do bem. Sabendo Ele da nossa rebeldia e demora nas decisões, nos utiliza como somos e aos poucos capacita cada um, à medida que surgem as necessidades.

Os bons espíritos não desejam médiuns santos nem indivíduos santificados, sem dificuldades e problemas. Trabalham com aqueles que se disponham a ir em frente, a evangelizar com seus exemplos, duramente conquistados e alicerçados em experiências concretas e dignificantes. Em geral, os santinhos, os bonzinhos já foram canonizados pela multidão ávida de ídolos e de ilusões.

Nosso Senhor nos disse que não veio para os santos, mas para os pecadores. Não veio para os salvos, mas para as ovelhas perdidas. Pense nisso e não fique por aí cobrando de você mesmo aquilo que ainda não está preparado para dar. Deus não tem pressa; você é que é exigente. E pai-velho pode dizer mais: tanta exigência assim é resultado de imaturidade e de sentimento de culpa.

Deus deu como meta a perfeição, mas estabeleceu como prazo a eternidade e, como companheira dessa caminhada, a paciência, pois Ele sabe que estamos muito distantes do ideal e ainda não atingimos a angelitude.

Deus o quer como humano, não como anjo. É preciso antes humanizar-se, para então aperfeiçoar-se. Os anjos voam longe, e o Pai precisa de você aqui, com os pés firmes no mundo para auxiliá-lo no processo de aprimoramento da humanidade. Seja humano, mesmo com aquelas características que você identifica como defeitos.

Não desista, permaneça ligado à fonte do infinito bem e, pouco a pouco, à medida que sua consciência desabrochar, expandir seus horizontes, você se livrará da carga de culpa e das punições. Trabalhe, ame e prossiga como você está, esforçando-se para melhorar.

Porém, sem essa, meu filho, de ficar lamentando o tempo perdido. Quanto mais você se lamenta, mais deixa de caminhar. Não perca seu tempo com culpas nem desculpas.

Errou? Continue caminhando. Caiu? Levante-se e prossiga. Não precisa justificar nada, pois enquanto justifica já perdeu maior tempo. Prossiga na certeza de que Deus e os bons espíritos não têm pressa em sua perfeição. O Pai sabe investir no tempo e espera apenas que você dê uma chance a si mesmo e a Ele para elaborar aquilo que, em meio a toda a pressa, você esqueceu: sua humanidade. Não deixe de ser humano. Seja você mesmo.

Deus ainda não desistiu de investir em você. Por que continuar teimando em manter esse estado infeliz em seus pensamentos e em seu coração?

A hora é de ir avante, continuar trabalhando por dias melhores. Trabalhar, perseverar e não desanimar, ainda que às vezes você ache que não está bom. Está tudo sempre muito bom, meu filho.

É preciso que você aprenda a ver o lado bonito de tudo, em todas as situações. Deus confia em você. Depende de você a confiança em Deus. Tenha certeza de que Ele, o Pai, estará com você na medida exata em que você estiver com Ele.

Corta a língua, mironga,
corta a língua
desse povo falador.
Pra minha espada
não tem embaraço,
sou preto-velho,
tenho o peito de aço.

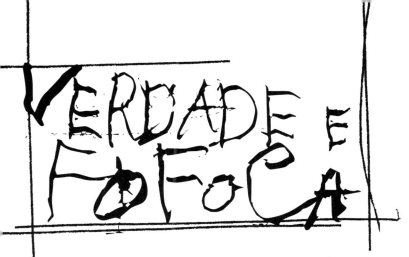

ROBSON PINHEIRO

PAI JOÃO NOS alerta sempre acerca da necessidade de trabalhar. O trabalho, segundo o amigo espiritual, é o que nos conserva ao abrigo das fofocas, dos melindres e das atitudes mesquinhas para com os irmãos que caminham conosco. Sempre nos alerta de que, quando surgir um comentário a respeito de alguém, devemos abortá-lo imediatamente, dedicando-nos ao trabalho e calando qualquer resposta.

— A vida ensina — explica ele. — Não compensa a gente dar prosseguimento a comentários maldosos, pois isso mina o trabalho do bem e traz discórdia para a comunidade. A verdade é como a espada de dois gumes — prossegue —, e mesmo que alguém diga algo que, para si, represente a verdade, deve-se ter cuidado para que essa verdade não fira o nosso irmão. Cada um tem o seu momento certo. Portanto, aprendamos a abortar o mal pela raiz, não dando prosseguimento a fofocas. Dediquemo-nos à verdade, ao trabalho incessante, sem desejar impor-nos a quem quer que seja. Trabalhemos paciente e silenciosamente — completa Pai João.

Seu compromisso

PAI JOÃO DE ARUANDA

SE VOCÊ SE DEDICA ao trabalho do bem assumindo sua responsabilidade na escola de Jesus, não se iluda quanto ao que encontrará em seu caminho.

Os pedregulhos na estrada, quando fixados indefinidamente pelo olhar, sob o calor do Sol, costumam se multiplicar à visão do ser. Mas, se você recolher essas pedras, meu filho, terá adquirido experiências proveitosas, utilizando-as como base de alguma construção.

As águas que descem em um rio caudaloso podem causar certos estragos ao longo do percurso ou ao redor das margens; contudo, se forem devidamente canalizadas ou represadas, certamente servirão de impulso ao progresso na geração de energia e trabalho.

Observe também, meu filho, os aparentes percalços da jornada espiritual e tire proveito deles para o seu crescimento.

Aqueles companheiros que lançam injúria sobre você podem ser apreciados como amigos que incentivam meu filho a se melhorar, de vez que, ao falarem algo contra você, apenas dizem o que vêem e ouvem. Muitas vezes, isso pode funcionar como espelho para que você possa aprimorar-se e corrigir-se.

As dificuldades encontradas em suas experiências na tarefa do bem podem servir para firmar sua fé e testar a persistência no compromisso assumido.

Todos estão integrados no contexto espiritual favorável ao crescimento de suas almas. Se algo o incomoda, procure corrigir a si mesmo, rever seus sentimentos e emoções e renovar suas atitudes perante a vida.

Direcione seus pensamentos e sentimentos e interprete tudo pela ótica do eterno bem, entendendo, meu filho, que você dispõe exatamente daquilo e daqueles de que mais necessita para o seu aprendizado.

Pau‑pereira
é um pau de opinião.
Todo pau flora e dá,
só o pau‑pereira não.

ROBSON PINHEIRO

Segundo o espírito Pai João, há uma espécie de árvore, presente nas matas da Bahia em sua época de escravo, denominada pau-pereira. Todas as árvores da mata costumavam dar sementes, muitas delas frutos e flores. O pau-pereira, porém, não florescia, nem dava frutos com regularidade. Pai João usualmente compara esse tipo de planta a pessoas que não produzem, não florescem nem se permitem ser felizes. Não adianta somente ser árvore, de acordo com o que afirma Pai João. É preciso florescer; enfim, dar frutos a partir do investimento recebido.

O ensino do pai-velho nos lembra a parábola da figueira seca, registrada no Evangelho.[13] Jesus, nessa passagem, repreendeu a figueira por não haver

---

[13] Cf. Mt 21:18-22; Mc 11:12-14, 20-26.

frutos em seus galhos — e o evangelista faz questão de assinalar que não era época de figos. Entre as diversas interpretações possíveis, talvez o Mestre quisesse mostrar, de modo alegórico, a necessidade constante de produzirmos frutos sempre que a vida nos exige ou nos oferece possibilidade, e não só sob condições favoráveis.

Também é possível relacionar a figura do paupereira com outra parábola bíblica, a dos talentos.[14] Na história contada por Jesus, é interessante notar que o senhor dissera apenas para que seus servos *cuidassem* dos bens distribuídos a eles durante sua ausência. Ao deparar, entretanto, com a falta de iniciativa apresentada por um dos servos, que tão somente *conservou* ou *guardou* o talento, o senhor retira o investimento das mãos desse homem, que não *aplicou* os poucos recursos a ele confiados. Promete, ainda, conceder mais para ser administrado por aqueles

---

[14] Cf. Mt 25:14-30; Lc 19:11-27. Lucas registra a parábolas como a das dez minas.

que souberam *fazer render* os talentos, *multiplicá-los* — fazê-los *dar frutos*.

É preciso florescer. É imperativo que o ser se permita florescer para, então, frutificar. Há muita gente boa que carrega o fardo pesado da culpa e pune a si mesma, sem permitir que a vida promova a inseminação de vitalidade que lhe é destinada. São indivíduos murchos, improdutivos, do ponto de vista espiritual e das aquisições eternas, da alma.

Pai João aconselha tais pessoas, que se assemelham a paus-pereiras, a se dedicarem ao exercício do autoperdão e do autoamor, para que possam sintonizar-se com as leis soberanas da vida e viver em plenitude, produzindo frutos.

Experimente o Perdão

PAI JOÃO DE ARUANDA

NÃO DEIXE O rancor tomar conta de seus dias nem a culpa dominar sua mente. Você precisa se perdoar, meu filho. Experimente o benefício do perdão e você se libertará de tanta coisa arraigada e endurecida dentro do seu coração. Deus, que é sábio e perfeito, não exige tanto de você quanto você mesmo. Que tal parar com essa cobrança intensa e viver com mais simplicidade?

As coisas podem até estar difíceis, mas, do jeito que você impinge culpa a si mesmo, não há como nada ficar melhor.

Reavalie suas possibilidades e entenda que você não tem de acertar tudo e não deve ser santinho o tempo todo. Também não conseguirá agradar a todo o mundo, não. Nem o Nosso Senhor Jesus Cristo conseguiu. É preciso compreender que todos têm limites e que devemos respeitá-los. Você mesmo tem seus próprios limites, e, se errou como pensa que errou, estamos todos em processo de aprendizado.

Que há?

Toque a bola pra frente, como vocês costumam dizer aí, na Terra. Dê uma chance a você mesmo e se perdoe. Permita-se a bênção do recomeço sem sentimento de culpa nem cobranças indébitas.

Muitas vezes, quando a gente erra, nem sempre é porque se planejou errar. Existem erros de percurso, aqueles naturais do aprendiz, que ainda não tem experiência. Outros são aqueles resultantes de situações que independem do próprio ser, e, ainda, há aqueles equívocos que surgem devido à nossa falta de senso de limites. Não respeitamos nossos limites nem os alheios.

Mas aprenda, meu filho, que criança alguma caminha sem antes cair. Somos aprendizes da vida, crianças espirituais. Não significa dizer que devemos errar indefinidamente, mas que precisamos urgentemente exercitar o perdão a nós mesmos. Compreender que fomos criados perfectíveis, e não perfeitos — portanto, com a possibilidade do erro inserida em nosso programa evolutivo.

Perdoe-se e viva melhor. Ame-se mais e permita-se ser humano. Quem não exerce o perdão consigo próprio encaixota-se em culpas e respira em clima de autopunição. Existe maior cativeiro que o da escravidão da mente que se acorrenta em culpas? Esse tipo de grilhão mental, não há princesa nem decreto que o rompa, não há força que o arrebente. Somente você poderá se libertar de si mesmo e viver um clima interior de paz. Sem o esforço do autoperdão, meu filho, não há como prosseguir no aprendizado que a vida proporciona.

Prisioneiro da culpa, o espírito não precisa de carrasco, feitor nem verdugo, pois ele mesmo dilacera sua própria intimidade, não se permite viver em plenitude nem apreciar as coisas boas e belas da vida. A culpa faz com que o mundo ao seu redor pareça esfumaçado e cinzento; o não perdoar tinge o céu interior de nuvens sombrias de pessimismo, desânimo e martírios.

A verdadeira libertação é a libertação interior, mental, que, por sua vez, produz filhos com mente sadia, aptos para produzir atitudes de qualidade em suas vidas.

Experimente se perdoar e veja como ficará bem melhor a paisagem a sua volta.

21

Eu cortei um pau

lá nas matas da Bahia.

Enquanto a casca chorava,

sinhá,

o miolo do pau gemia.

RECONCILIAÇÃO

ROBSON PINHEIRO

— Não se preocupe, meu filho. Quando você superar essa dificuldade, virá outra maior.

Pai João, em determinado momento, assustou-nos com esse comentário. Prosseguia:

— E não é, meu filho? A dificuldade de hoje é só treinamento para os reais desafios de amanhã. O soldado mais capacitado, que venceu maior número de batalhas, está pronto para ser promovido e, como oficial, enfrentar problemas mais complexos. É para isso que a vida nos prepara... Tome por base Jesus, que administra um planeta! É por isso que a Bíblia diz que a quem possui, mais será dado, e daquele que tem pouco, ainda o pouco que lhe pertence será tirado.[15] É nesse sentido que as palavras do Mestre devem

---

[15] Cf. Mt 25:29.

ser entendidas. É preciso que desenvolvamos a capacidade de nos organizar melhor, administrar melhor nosso tempo e nossas energias, pois Jesus precisa de servidores mais experimentados para sua vinha.

Pai João tinha razão, por mais aflitiva que possa parecer a concordância com sua afirmação. É nas situações de incômodo e crise que produzimos o maior número de mudanças. "A semente só brota em virtude das enormes pressões que sofre no interior da terra", lembra o pai-velho.

Submetidos aos diversos constrangimentos das vivências em sociedade, enquanto habitantes do mundo físico, somos compelidos a transformar o panorama íntimo. De tanto medir forças com a vida, numa tola e infinita disputa de poder, da qual fatalmente sairemos derrotados, rendemo-nos às forças superiores da existência. No momento em que cessa a rebeldia e intentamos vivenciá-la como uma inconformação construtiva e otimista, extraímos o melhor da crise — a superação dos desafios e, consequentemente, de nossos próprios limites, medos e preconceitos. Passamos então a fazer parte do grande concerto cósmico de cooperação com o Criador.

Em seus conselhos e observações, Pai João enfatiza muito a importância dessa reconciliação com a força soberana da vida, tão necessária para a conquista de nossa felicidade.

A casca que chora e o miolo que geme expressam o drama evolutivo. É preciso nos libertar das algemas que nos fazem infelizes. Seja qual for nosso passado, é tempo de libertação. Conservando-nos prisioneiros de um passado culposo ou de uma situação aflitiva, não conseguiremos nos sentir realizados.

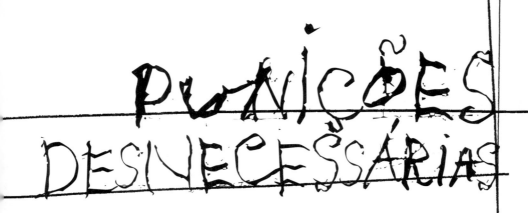

PUNIÇÕES DESNECESSÁRIAS

PAI JOÃO DE ARUANDA

MEUS FILHOS TÊM mania de se punir mais do que se estivessem no cativeiro e fossem obrigados a sentir o chicote do feitor. A diferença está apenas na forma. Punem-se ao não se permitir viver com alegria, harmonia e paz. Utilizam o chicote da culpa, e aí se estabelece a dificuldade.

Muita gente pode ser e ter muito mais do que aquilo que usufrui. Inventaram uma desculpa de humildade, que ninguém ainda possui, mas que muitos dizem ter. E, com a interpretação transtornada de alguns conceitos trazidos por Nosso Senhor Jesus Cristo, tem muita gente religiosa por aí que se acha prisioneira de uma vida acanhada e miserável. A humildade não está na roupa que se veste ou na voz mansa, ensaiada por muitos filhos aí pela Terra.

Com o pretexto de serem humildes e religiosos, muitos desvalorizam a própria mensagem que abraçaram, com reservas desnecessárias.

Na verdade, meu filho, toda vez que você pode ser ou ter alguma coisa que seja boa e honesta e não se permite vivenciar tal experiência, que lhe fará crescer e lhe dará maior qualidade naquilo que você é ou faz, é que você está se punindo. A autopunição não é nada mais do que o impedimento para crescer, brilhar e ser mais feliz.

Quando você não se permite melhorar, tendo condições de fazê-lo, então está se punindo. E autopunição, meu filho, é o resultado de sentimento de culpa, que se encontra aí, latente, em seu interior.

As pessoas religiosas, em geral, têm algo mal resolvido com o dinheiro. Mas o dinheiro em si não é a causa de seus males nem dos males do mundo. É que o ser errou tanto no passado, ou tenta se passar na atualidade por humilde e desprendido, que, de uma forma ou de outra, não valoriza as oportunidades que Deus concede para maiores realizações.

Pare com isso já e invista em você. Invista no trabalho que você representa, filho, na sua satisfação interior e não perca de vista jamais o fato de que você é herdeiro de Deus, da vida e do universo.

Dê maior qualidade e beleza àquilo que você faz; permita que o universo ajude você a vencer e descubra-se um vencedor. Pare de se menosprezar: vista-se bem, viva bem, apresente-se melhor ainda e verá que, à medida que você investir em si mesmo, a vida dará respostas cada vez mais claras às suas necessidades e impulsionará seu espírito rumo às alturas da realização íntima. Seja feliz e não se puna com uma vida acanhada.

Estamos no século XXI, e não há mais lugar no mundo para gente tímida diante da vida. A vitória, sob todos os aspectos, é daqueles que ousam, que enfrentam desafios e que se permitem ser felizes. Tenha a coragem de investir em você mesmo.

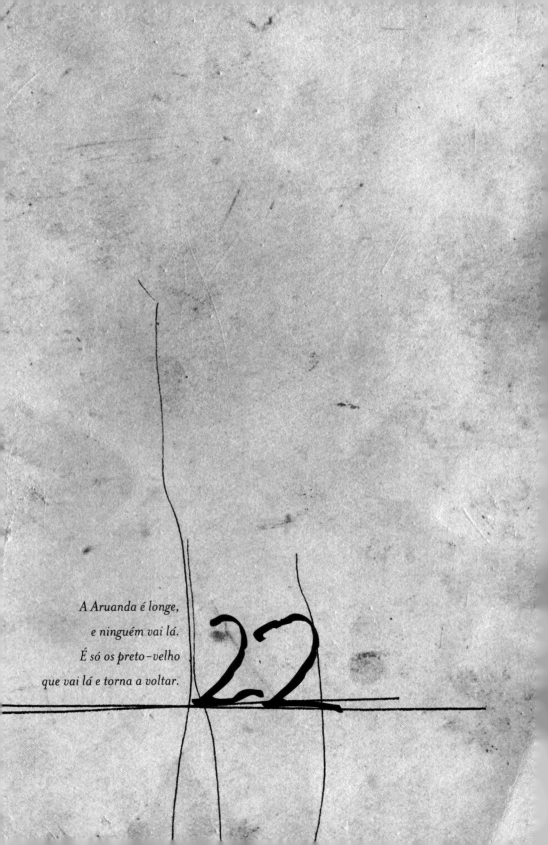

A Aruanda é longe,
e ninguém vai lá.
É só os preto-velho
que vai lá e torna a voltar.

22

ROBSON PINHEIRO

O CÉU E O INFERNO habitam dentro de nós mesmos, segundo o pensamento espírita. Não é diferente para os desencarnados: toda paisagem na dimensão extrafísica está diretamente relacionada com o estado íntimo daqueles que nela habitam.

Aruanda é um termo utilizado como sinônimo de plano espiritual, simplesmente, ou como denominação da colônia espiritual que constitui a morada dos espíritos de grande elevação conhecidos como pais-velhos. Simbolicamente, portanto, Aruanda remete à iluminação interior, à integração com o cosmos: quem consegue chegar lá é porque está sintonizado com as forças superiores da vida.

Para que se faça a *Aruanda na Terra*, conforme convoca Pai João, é necessário que o homem não só deseje, mas trabalhe efetivamente por um mundo melhor. É somente aprendendo a reconhecer o valor do trabalho, da dedicação genuína ao bem, sem jamais perder a simplicidade — como fazem os pretos-velhos — que o ser humano poderá atingir a libertação da consciência e a felicidade almejada. Não adianta ser religioso de carteirinha ou espírita "de profissão" se o indivíduo não se dedicar a um ideal, não trabalhar nem se envolver.

Ainda estamos distantes do mundo dos espíritos puros. A roupagem de preto-velho utilizada por alguns espíritos é significativa, pois evoca a necessidade de sermos simples e, como os escravos no passado, trabalharmos persistentemente pela nossa libertação espiritual.

ACORDA, MEU FILHO

PAI JOÃO DE ARUANDA

TEM GENTE dormindo demais por aí. Você não acha, meu filho, que esse sono todo é um processo de fuga ou preguiça disfarçada? Às vezes preto-velho vê meus filhos reclamarem das coisas: que estão difíceis, que a vida está cada dia mais dura e os negócios não correspondem aos investimentos realizados por vocês.

Mas, veja bem, meu filho, dormindo desse jeito você vai perder enormes oportunidades. Quem quer vencer na vida não entrega seus negócios para outros administrarem. Estude as atitudes dos vencedores e você poderá ver que cada um deles assumiu por si mesmo a atividade na qual se destacou.

Acorde enquanto é tempo, pois, quando você ficar velho, o tempo precioso já terá passado, e tempo, meu filho, é algo que nunca volta, assim como oportunidade perdida jamais retorna. Tudo pode se renovar, mas nada se repete em condições idênticas. Comece o dia cedo, dando exemplo àqueles que lhe são subordinados.

Não adianta reclamar que é difícil ou que está cansado. O corpo físico foi projetado por Deus para se reerguer diariamente após um período de oito horas de sono. Se você não consegue se manter acordado depois disso, é porque algo está errado. Pense bem e veja se você não está fugindo indefinidamente de algo. Talvez seu corpo se enclausure no sono como fuga dos deveres que lhe competem.

Há quem durma também diante da vida, deixando as oportunidades de progresso passarem. Desgastam-se na juventude, abusando de seus próprios limites, e depois, quando o outono da vida chega, lamentam o tempo perdido.

Hoje, meu filho, a vida mudou e ninguém poderá deixar o tempo passar indefinidamente sem arrepender-se logo. Cuidar das coisas espirituais enquanto é tempo é questão de sabedoria. Portanto, acorde da letargia espiritual e defina-se imediatamente. Não se pode ficar dormindo enquanto o mundo gira cada vez mais rápido rumo a um futuro de realizações.

De modo análogo, há aqueles que esperam cair do céu a tão sonhada felicidade... Acham que seu príncipe encantado ou a princesa de seus sonhos virá miraculosamente acordá-los a qualquer hora. Esperam tanto que deixam de perceber que estão sonhando, e sonhos só são possíveis, meu filho, quando a gente dorme. Acorde e aprenda logo que a felicidade não cai do céu.

Ninguém vai descobrir você escondido aí, em seu cantinho particular e, com um passe de mágica, apaixonar-se. Saia para viver e mostre-se, apareça, brilhe e invista em si mesmo. O mundo transformou-se muito nos últimos séculos, e você dormiu demais em seu sonho e fantasia. Cuidado para que, quando acordar, não se encontre num pesadelo diante da realidade.

Sonhos e ideais são muito bons, mas somente agindo é que os meus filhos poderão realizar qualquer empreendimento e encontrar satisfação na vida. Ninguém vive apenas de sonhos e ideais. É preciso que meus filhos tomem atitudes e parem de mascarar e desculpar sua omissão. Assuma uma postura agressiva e de coragem diante da vida e não se entregue ao sono da alma, pior do que o sono indefinível daqueles que fogem da responsabilidade.

Acordar é ser agressivo e romper com o ócio; é ser arrojado no mundo, assumindo atitude de vencedor na vida. É ser ativo, proativo, e não se entregar à fuga da consciência.

Até os mortos já se levantaram, meu filho, e trabalham o tempo todo; por que você continua deitado e dormindo?

O senhor chamou.
Nego-velho já vai!
Tá na hora, meu senhor,
tá na hora, sinhá.
Nego-velho não aguenta mais
o chicote do feitor.
Ele prefere trabalhar
até o dia clarear.

PRESENÇA DE DEUS

ROBSON PINHEIRO

O ESPÍRITO PAI João se utiliza de suas experiências no passado para incutir em nós certos ensinamentos. Entre aquilo que pôde aprender durante o cativeiro, enfatiza o valor do trabalho e a simplicidade dos métodos de Deus. Segundo comenta, é preciso desenvolver a sensibilidade para ver Deus em cada passo da jornada, em cada folha da árvore ou em cada queda no nosso caminhar.

Se o Criador trabalha incessantemente para o equilíbrio do mundo, argumenta, como é que nós, filhos seus que usufruem da criação em tempo integral, ficaremos parados diante de tanta injustiça social e da desigualdade humana? Devemos cumprir a parte que nos cabe na tarefa de reconstruir o mundo onde nós mesmos moramos.

— Deus está em cada situação, em cada esquina, em cada gesto — afirma Pai João. — Procuremos decifrar a mensagem que Ele envia para cada um de nós, meus filhos, incentivando-nos ao progresso.

ESPERANÇA DE DEUS

PAI JOÃO DE ARUANDA

NINGUÉM FOI chamado sem um objetivo. O chamamento divino pressupõe uma tarefa definida. Assim também nenhum de meus filhos está participando da vida do outro por acaso, já que Deus não brinca de acaso com os seres humanos. A Divina Providência não pode ser comparada às brincadeiras dos deuses gregos, que jogavam dados com o destino dos homens. Atrás das uniões, dos encontros e das pequenas atividades realizadas em conjunto, estão grandes planejamentos da espiritualidade.

Uma comunidade reunida é como um grande caldeirão fervente, no qual o cozinheiro deposita diversos ingredientes para fazer uma sopa. Lá estão os legumes, de diversas cores, formatos e texturas; acrescentam-se as verduras, mais delicadas. Não pode faltar o tempero; nem sal demais, nem de menos.

Nessa sopa da fraternidade, os resultados pertencem a Deus, já que você, meu filho, representa os ingredientes. Nada é desprezado pelo Senhor, que a tudo supervisiona com vistas a um objetivo final. As dificuldades que você encontra nos relacionamentos fervem a tal ponto que, aos poucos — sem que isso seja notado, a princípio —, começam a evaporar-se. Dessa maneira, o caldeirão vai transmutando meus filhos, mediante o fogo das experiências que surgem na vida em comunidade.

Há necessidade de que, neste momento de transformações do planeta Terra, todos se revistam do mais santo comprometimento com a obra do bem. No caso dos médiuns, por exemplo, a dedicação de cada um à tarefa do intercâmbio mediúnico deve ser vista como compromisso do mais alto significado espiritual, porque você é instrumento do Cristo. Medianeiros comprometidos são cooperadores de Jesus a serviço das forças soberanas da vida.

Nas circunstâncias em que meus filhos se sentem magoados ou abatidos, desanimados ou feridos de alguma forma em seus sentimentos, procurem meditar na vida do Nosso Senhor. Com os olhos da fé, visualizem Jesus com o corpo deposto sobre a cruz. Se alguém acha que não é compreendido em suas intenções, pense em Jesus em seu calvário, sendo apedrejado, vaiado e condenado à morte pela multidão: a mesma população que ele tantas vezes curou, auxiliou, ensinou, aconchegou, escutou.

Se algum de meus filhos acha que seus esforços não estão sendo valorizados, relembre Jesus, cujo corpo foi perfurado pelos pregos da insensatez humana e dilacerado em seu cerne, ao ver o sofrimento motivado pela mais absoluta ignorância.

Após visualizar tudo isso, meu filho, reavalie seus melindres, suas dores e emoções. Se o Mestre foi tratado de modo tão duro, o que diríamos de nós, que somos meros aprendizes do seu amor? Em nenhum momento, no entanto, Nosso Senhor vacilou ou desistiu da tarefa. Valorizou sempre aqueles que chamou, mesmo nos instantes em que eles próprios lhe viraram as costas.

Enfim, meu filho, Jesus acreditou em nós. Incondicionalmente e sem impor retribuições, ele acreditou em nós. Falta a gente acreditar também.

Se Jesus não tivesse fé na humanidade e, em especial, nos seus colaboradores, não teria retornado ao plano espiritual e confiado a obra de regeneração do mundo aos discípulos.

Ele confiou que todos são capazes, que você é capaz. Somente porque demonstrou confiança em cada ser humano é que ele se apresenta ao Pai levando consigo, em sua intimidade, a humanidade vencedora. Sabe que os filhos de Deus têm plena capacidade de levar avante a obra que lhes foi confiada.

Não estamos a jogar confete em nossos médiuns, como se vê nas folias de carnaval, mas incentivando ao prosseguimento da obra como estiverem, onde estiverem e com quem estiverem meus filhos. Não queremos destacar a fé que eventualmente tenhamos no Mestre, mas a fé que ele deposita em cada um de nós diariamente.

O Evangelho é uma mensagem de esperança. Mas não é a esperança do homem em Deus, e, sim, a esperança de Deus no homem. Evangelho é isso, meus filhos.

Se a humanidade sobreviveu a duas guerras mundiais e a todo esse tempo de discórdia, dor, doenças e intrigas políticas; se ela sobrevive a vocês mesmos, habitantes do planeta Terra, isso é um claro sinal da fé que Deus deposita na humanidade. Portanto, valorize a fé de Deus e trate de corresponder ao seu chamado paternal.

Que cada um olhe para dentro de si mesmo — não para seus defeitos, que nos igualam a todos, mas para as virtudes conquistadas, a capacidade de realização que se encontra na intimidade, os esforços empreendidos na caminhada — e prossiga. Observe tudo isso e aprenda a valorizar as coisas boas e as vitórias obtidas e não fique se lamentando com os erros aparentes e as limitações. Sinta-se otimista e confiante, tanto no futuro quanto nos companheiros que caminham junto com vocês.

Quando meus filhos levantarem as mãos, que sejam mãos santas, abençoadas pelo esforço de realização. A grandeza do trabalho que meus filhos realizam só pode ser compreendida à medida que vocês verificarem a alegria que despertam nos desesperados, o sorriso que inspiram nas crianças e a esperança que se esboça nos olhos dos velhinhos que vocês beneficiam, em nome do amor.

Continue tocando a melodia do amor na harpa do coração. Ordinariamente, não se mensuram a extensão e a importância dos esforços empreendidos na senda do bem até o indivíduo aportar na dimensão extrafísica da vida. Aí, sim, meus filhos poderão avaliar as consequências reais de seus atos.

Tenha a certeza de que cada gesto que meus filhos fazem é abençoado. Tudo o que você empreende com amor é fundamental — seja o apontar do lápis que os espíritos utilizam para a psicografia, seja a limpeza do ambiente para receber os convidados de

Jesus. Seja a planta, acariciada pelo amor de vocês, ou a criança, auxiliada no processo educativo. Tudo é importante, e, em geral, o valor das pequenas coisas é desprezado por muitos de meus filhos. O que importa para nós, contudo, não é o tanto que realizam, mas a quantidade de amor e de sentimento que vocês são capazes de depositar nas pequenas atitudes.

Pensem um pouco nisso, meus filhos, e abençoem a tarefa que vocês abraçaram em nome do Nosso Senhor Jesus Cristo.

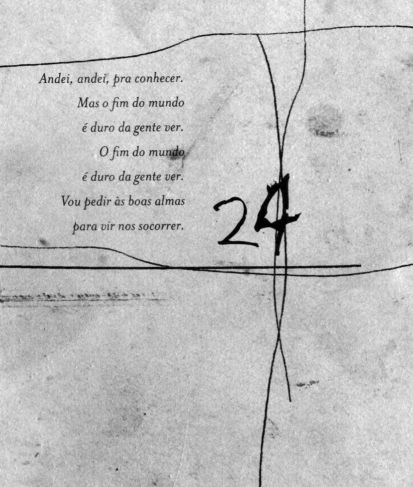

Andei, andei, pra conhecer.
Mas o fim do mundo
é duro da gente ver.
O fim do mundo
é duro da gente ver.
Vou pedir às boas almas
para vir nos socorrer.

EVOLUÇÃO

ROBSON PINHEIRO

JOÃO COBÚ é um espírito que se empenha em nos incentivar ao progresso. Fala-nos sempre que as dificuldades do mundo só serão superadas quando nos unirmos no trabalho do bem, em prol de todos.

Certa vez alguém falou com Pai João que não conseguia compreender como os espíritos do bem ainda investiam em nós.

— Somos seres tão atrasados, e o mundo é tão cheio de maldade! — comentava o indivíduo.

Pai João, pensativo, talvez deixando amadurecer em seu pensamento uma lição para o filho pessimista, responde, com seu jeito matuto:

— Nego-velho não sabe muita coisa dos bons espíritos não, meu filho. Eles estão elevados demais para pai-velho. Só sei que daqui não saio de jeito nenhum e peço ao Pai forças para continuar neste mundo de meu Deus. Acho mesmo que nós precisamos ficar aqui por muito tempo, usando o colírio da simplicidade, a fim de que possamos aprender a ver as coisas boas.

Após ligeira pausa, prosseguiu:

— Graças a Deus o mundo está pra acabar. Mas não é o mundo morada, não. Não é o mundo como planeta. É o mundo de pessimismo e da preguiça. Quanto aos bons espíritos, como disse, nego-velho não sabe, mas como eu mesmo tenho muito ainda que aprender, espero que alguém lá em cima — falou, apontando para o alto — não desista da gente não, porque nego-velho não vai desistir de vocês de jeito nenhum. Nego é teimoso, é moleque muito teimoso.

PAI JOÃO DE ARUANDA

ATENTEM PARA as mensagens que Deus está enviando para vocês, meus filhos. Em geral Deus nos fala sem palavras, e a sabedoria é transmitida sem a articulação da voz, somente com a experiência. Paivelho já falou outras vezes do período de provas coletivas que a humanidade está enfrentando, e os agrupamentos religiosos, as casas espíritas serão ventiladas e visitadas com momentos graves, que representam este fogo renovador. Mas não esperem sair anjos forjados na fornalha da fé. Sairemos todos mais experientes após as lutas individuais e coletivas, só isso.

Não dêem tanto valor e ouvido às intrigas, meus filhos; deixem de lado as fofocas e não valorizem tanto os conflitos desencadeados entre os irmãos. Vocês precisam confiar mais, ocupar mais o tempo de vocês com algo produtivo. Dar ouvidos a conversas que não elevam, ou a intrigas, é como ficar parado no tempo, vendo a banda passar. E quando a banda do desequilíbrio passa, forma-se o bloco dos obsedados.

Vamos dar ouvidos a Jesus, meus filhos, ao trabalho. Sejamos a estação terminal da fofoca, do ciúme, da inveja e da intriga. Vocês já viram gente ocupada ter tempo para intrigas?

Nosso compromisso é com Jesus e com o bem. Ninguém espere encontrar companheiros perfeitos ou trabalhadores evangelizados. O que temos, na verdade, meus filhos, são instrumentos, ferramentas de trabalho que estão sendo lapidadas e preparadas à medida que são utilizadas na tarefa. Nada nem ninguém está acabado, pronto ou perfeito. Trabalhamos com vocês e os amamos da forma como se encontram. Não exigimos nem mesmo a transformação moral. Nós a incentivamos, mas sabemos respeitar cada um, o grau de maturidade espiritual de meus filhos. Não exigimos de vocês nada, porque quem ama não exige, apenas ama. Muito menos exigimos perfeição, uma vez que nós mesmos temos muito ainda a resolver dentro de nós.

Quando alguém exige de algum companheiro uma conduta perfeita, disciplinar, aquele que faz a exigência coloca-se na obrigação de se portar conforme o esperado do outro. Não temos aqui ninguém nessa condição, de perfeição. Nem os mentores que assistem vocês têm esse grau todo de adiantamento que vocês atribuem a eles. Estamos todos em processo de aprendizado, e convém usar de compreensão para com os companheiros que caminham junto de cada um.

Não importa o tanto que você errou ou julga errar, o importante é que a gente continue junto, procurando acertar.

Muitos abandonam o trabalho com medo de se contaminar; afastam-se da tarefa, criticando, então, aqueles com os quais dividiu a caminhada. Onde a amizade, meus filhos? Onde a cumplicidade das almas em evolução? Onde está, nessa atitude, a marca do amor? Permaneçamos juntos, apesar dos erros nossos e dos nossos companheiros, de vez que, se aqui estamos unidos e reunidos, é por necessidade de estabelecermos parceria, de acertarmos nossas diferenças.

A amizade verdadeira é dom de Deus. Se nós não desenvolvermos essa amizade entre nós e a compreensão advinda dela, meus filhos, não seremos dignos de ser chamados trabalhadores do Cristo. Ser irmão e amigo é estar presente tanto na alegria quanto na dor, nas dificuldades quanto nos acertos.

Ser amigo é compartilhar.

Ignoremos os espinhos, porque, sobre eles, as rosas desabrocham com perfume que inebria nossas almas. Fixemos o olhar nas flores, nos frutos, no lado bom de cada companheiro e saibamos valorizar aquilo que cada um traz de melhor em si.

Enfim, meus filhos, prossigamos unidos, embora não fundidos. Trabalhemos pela fraternidade, mas respeitemos a diversidade de formas e pensamentos. Alguém pensar diferente da gente não transforma a pessoa em inimiga do bem — que pretensão seria a nossa... Ninguém é robô para pensar e raciocinar tudinho igual. Graças a Deus que há diversidade na criação; senão, meus filhos, a vida seria um tédio.

Incentivemos a caminhada, o desenvolvimento do raciocínio, mesmo que não pensemos igual e discordemos das ideias. Deus valoriza cada detalhe, e a completude é feita de pequenas partes.

Ame, compreenda e perdoe. Você não sabe em que situação estará amanhã e que porção da compreensão alheia você demandará.

Transcenda-se. Para o catalogo completo, acesse www.casadosespiritos.com

+ publicações

TAMBORES DE ANGOLA | *Coleção Segredos de Aruanda, vol. 1*
EDIÇÃO REVISTA E AMPLIADA | A ORIGEM HISTÓRICA DA UMBANDA E DO ESPIRITISMO | ROBSON PINHEIRO *pelo espírito Ângelo Inácio*

O trabalho redentor dos espíritos – índios, negros, soldados, médicos – e de médiuns que enfrentam o mal com determinação e coragem. Nesta edição revista e ampliada, 17 anos e quase 200 mil exemplares depois, Ângelo Inácio revela os desdobramentos dessa história em três capítulos inéditos, que guardam novas surpresas àqueles que se deixaram tocar pelas curimbas e pelos cânticos dos pais-velhos e dos caboclos.

ISBN: 978-85-99818-36-7 • ROMANCE MEDIÚNICO • 2015 • 256 PÁGS. • BROCHURA • 16 X 23CM

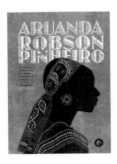

ARUANDA | *Coleção Segredos de Aruanda, vol. 2*
UM ROMANCE ESPÍRITA SOBRE PAIS-VELHOS, ELEMENTAIS E CABOCLOS
ROBSON PINHEIRO *pelo espírito Ângelo Inácio*

Por que as figuras do negro e do indígena – pretos-velhos e caboclos –, tão presentes na história brasileira, incitam controvérsia no meio espírita e espiritualista? Compreenda os acontecimentos que deram origem à umbanda, sob a ótica espírita. Conheça a jornada de espíritos superiores para mostrar, acima de tudo, que há uma só bandeira: a do amor e da fraternidade.

ISBN: 978-85-99818-11-4 • ROMANCE MEDIÚNICO • 2004 • 245 PÁGS. • BROCHURA • 16 X 23CM

CORPO FECHADO | *Coleção Segredos de Aruanda, vol. 3*
ROBSON PINHEIRO *pelo espírito W. Voltz, orientado pelo espírito Ângelo Inácio*

Reza forte, espada-de-são-jorge, mandingas e patuás. Onde está a linha divisória entre verdade e fantasia? Campos de força determinam a segurança energética. Ou será a postura íntima? Diante de tantas indagações, crenças e superstições, o espírito Pai João devassa o universo interior dos filhos que o procuram, apresentando casos que mostram incoerências na busca por proteção espiritual.

ISBN: 978-85-87781-34-5 • ROMANCE MEDIÚNICO • 2009 • 303 PÁGS. • BROCHURA • 16 X 23CM

Legião | *Trilogia O Reino das Sombras, vol. 1*
UM OLHAR SOBRE O REINO DAS SOMBRAS
ROBSON PINHEIRO *pelo espírito Ângelo Inácio*

Veja de perto as atividades dos representantes das trevas, visitando as regiões subcrustais na companhia do autor espiritual. Sob o comando dos dragões, espíritos milenares e voltados para o mal, magos negros desenvolvem sua atividade febril, organizando investidas contra as obras da humanidade. Saiba como os enfrentam esses e outros personagens reais e ativos no mundo astral.

ISBN: 978-85-99818-19-0 • ROMANCE MEDIÚNICO • 2006 • 502 PÁGS. • BROCHURA • 14 X 21CM

Senhores da escuridão | *Trilogia O Reino das Sombras, vol. 2*
ROBSON PINHEIRO *pelo espírito Ângelo Inácio*

Das profundezas extrafísicas, surge um sistema de vida que se opõe às obras da civilização e à política do Cordeiro. Cientistas das sombras querem promover o caos social e ecológico para, em meio às guerras e à poluição, criar condições de os senhores da escuridão emergirem da subcrosta e conduzirem o destino das nações. Os guardiões têm de impedi-los, mas não sem antes investigar sua estratégia.

ISBN: 978-85-87781-31-4 • ROMANCE MEDIÚNICO • 2008 • 676 PÁGS. • BROCHURA • 14 X 21CM

A marca da besta | *Trilogia O Reino das Sombras, vol. 3*
ROBSON PINHEIRO *pelo espírito Ângelo Inácio*

Se você tem coragem, olhe ao redor: chegaram os tempos do fim. Não o famigerado fim do mundo, mas o fim de um tempo — para os dragões, para o império da maldade. E o início de outro, para construir a fraternidade e a ética. Um romance, um testemunho de fé, que revela a força dos guardiões, emissários do Cordeiro que detêm a propagação do mal. Quer se juntar a esse exército? A batalha já começou.

ISBN: 978-85-99818-08-4 • ROMANCE MEDIÚNICO • 2010 • 640 PÁGS. • BROCHURA • 14 X 21CM

Além da matéria
Uma ponte entre ciência e espiritualidade
Robson Pinheiro *pelo espírito Joseph Gleber*

Exercitar a mente, alimentar a alma. *Além da matéria* é uma obra que une o conhecimento espírita à ciência contemporânea. Um tratado sobre a influência dos estados energéticos em seu bem-estar, que lhe trará maior entendimento sobre sua própria saúde. Físico nuclear e médico que viveu na Alemanha, o espírito Joseph Gleber apresenta mais uma fonte de autoconhecimento e reflexão.

ISBN: 978-85-99818-13-8 • SAÚDE E MEDIUNIDADE • 2003/2011 • 320 PÁGS. • BROCHURA • 16 X 23CM

Medicina da alma
Saúde e medicina na visão espírita
Robson Pinheiro *pelo espírito Joseph Gleber*

Com a experiência de quem foi físico nuclear e médico, o espírito Joseph Gleber, desencarnado no Holocausto e hoje atuante no espiritismo brasileiro, disserta sobre a saúde segundo o paradigma holístico, enfocando o ser humano na sua integralidade. Edição revista e ampliada, totalmente em cores, com ilustrações inéditas, em comemoração aos 150 anos do espiritismo [1857-2007].

ISBN: 978-85-87781-25-3 • SAÚDE E MEDIUNIDADE • 1997 • 254 PÁGS. • CAPA DURA E EM CORES • 17 X 24CM

A alma da medicina
Robson Pinheiro *pelo espírito Joseph Gleber*

Com a autoridade de um físico nuclear que resolve aprender medicina apenas para se dedicar ao cuidado voluntário dos judeus pobres na Alemanha do conturbado período entre guerras, o espírito Joseph Gleber não deixa espaço para acomodação. Saúde e doença, vida e morte, compreensão e exigência, sensibilidade e firmeza são experiências humanas cujo significado clama por revisão.

ISBN: 978-85-99818-32-9 • SAÚDE E MEDIUNIDADE • 2014 • 416 PÁGS. • BROCHURA • 16 X 23CM

Consciência
EM MEDIUNIDADE, VOCÊ PRECISA SABER O QUE ESTÁ FAZENDO
ROBSON PINHEIRO *pelo espírito Joseph Gleber*

Já pensou entrevistar um espírito a fim de saciar a sede de conhecimento sobre mediunidade? Nós pensamos. Mais do que saciar, Joseph Gleber instiga ao tratar de materialização, corpo mental, obsessões complexas e apometria, além de animismo – a influência da alma do médium na comunicação –, que é dos grandes tabus da atualidade.

ISBN: 978-85-99818-06-0 • SAÚDE E MEDIUNIDADE • 2007 • 288 PÁGS. • BROCHURA • 16 X 23CM

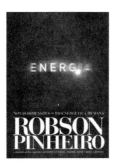

Energia
NOVAS DIMENSÕES DA BIOENERGÉTICA HUMANA
ROBSON PINHEIRO *sob orientação dos espíritos Joseph Gleber, André Luiz e José Grosso*

Numa linguagem clara e direta, o médium Robson Pinheiro faz uso de sua experiência de mais de 25 anos como terapeuta holístico para ampliar a visão acerca da saúde plena, necessariamente associada ao conhecimento da realidade energética. Anexo com exercícios práticos de revitalização energética, ilustrados passo a passo.

ISBN: 978-85-99818-02-2 • SAÚDE E MEDIUNIDADE • 2008 • 238 PÁGS. • BROCHURA • 16 X 23CM

Apocalipse
UMA INTERPRETAÇÃO ESPÍRITA DAS PROFECIAS
ROBSON PINHEIRO *pelo espírito Estêvão*

O livro profético como você nunca viu. O significado das profecias contidas no livro mais temido e incompreendido do Novo Testamento, analisado de acordo com a ótica otimista que as lentes da doutrina espírita proporcionam. O autor desconstrói as imagens atemorizantes das metáforas bíblicas e as decodifica.

ISBN: 978-85-87781-16-1 • JESUS E O EVANGELHO • 1997 • 272 PÁGS. • BROCHURA • 16 X 23CM

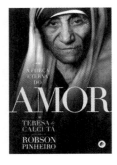

A FORÇA ETERNA DO AMOR
Robson Pinheiro *pelo espírito Teresa de Calcutá*

"O senhor não daria banho em um leproso nem por um milhão de dólares? Eu também não. Só por amor se pode dar banho em um leproso". Cidadã do mundo, grande missionária, Nobel da Paz, figura inspiradora e controvertida. Desconcertante, veraz, emocionante: esta é Teresa. Se você a conhece, vai gostar de saber o que pensa; se ainda não, prepare-se, pois vai se apaixonar. Pela vida.

ISBN: 978-85-87781-38-3 • AUTOCONHECIMENTO • 2009 • 318 PÁGS. • BROCHURA • 16 X 23CM

PELAS RUAS DE CALCUTÁ
Robson Pinheiro *pelo espírito Teresa de Calcutá*

"Não são palavras delicadas nem, tampouco, a repetição daquilo que você deseja ouvir. Falo para incomodar". E é assim, presumindo inteligência no leitor, mas também acomodação, que Teresa retoma o jeito contundente e controvertido e não poupa a prática cristã de ninguém, nem a dela. Duvido que você possa terminar a leitura de *Pelas ruas de Calcutá* e permanecer o mesmo.

ISBN: 978-85-99818-23-7 • AUTOCONHECIMENTO • 2012 • 368 PÁGS. • BROCHURA • 16 X 23CM

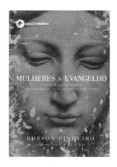

MULHERES DO EVANGELHO
E OUTROS PERSONAGENS TRANSFORMADOS PELO ENCONTRO COM JESUS
Robson Pinheiro *pelo espírito Estêvão*

A saga daqueles que tiveram suas vidas transformadas pelo encontro com Jesus, contadas por quem viveu na Judeia dos tempos do Mestre. O espírito Estêvão revela detalhes de diversas histórias do Evangelho, narrando o antes, o depois e o que mais o texto bíblico omitiu a respeito da vida de personagens que cruzaram os caminhos do Rabi da Galileia.

ISBN: 978-85-87781-17-8 • JESUS E O EVANGELHO • 2005 • 208 PÁGS. • BROCHURA • 14 X 21CM

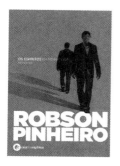

OS ESPÍRITOS EM MINHA VIDA
ROBSON PINHEIRO *editado por Leonardo Möller*

Relacionar-se com os espíritos. Isso é mediunidade, muito mais do que simples fenômenos. A trajetória de um médium e sua sintonia com os Imortais. As histórias, as experiências e os espíritos na vida de Robson Pinheiro. Inclui CD: os espíritos falam na voz de Robson Pinheiro: Joseph Gleber, José Grosso, Palminha, Pai João de Aruanda, Zezinho e Exu Veludo.

ISBN: 978-85-87781-32-1 • MEMÓRIAS • 2008 • 380 PÁGS. • BROCHURA • 16 X 23CM

OS DOIS LADOS DO ESPELHO
ROBSON PINHEIRO *pelo espírito de sua mãe Everilda Batista*

Às vezes, o contrário pode ser certo. Questione, duvide, reflita. Amplie a visão sobre a vida e sobre sua evolução espiritual. Aceite enganos, trabalhe fraquezas. Não desvie o olhar de si mesmo. Descubra seu verdadeiro reflexo, dos dois lados do espelho. Everilda Batista, pelas mãos de seu filho Robson Pinheiro. Lições da mãe e da mulher, do espírito e da serva do Senhor. Uma amiga, uma professora nos dá as mãos e nos convida a pensar.

ISBN: 978-85-99818-22-0 • AUTOCONHECIMENTO • 2004/2012 • 208 PÁGS. • BROCHURA • 16 X 23CM

SOB A LUZ DO LUAR
UMA MÃE NUMA JORNADA PELO MUNDO ESPIRITUAL
ROBSON PINHEIRO *pelo espírito de sua mãe Everilda Batista*

Um clássico reeditado, agora em nova edição revista. Assim como a Lua, Everilda Batista ilumina as noites em ajuda às almas necessitadas e em desalento. Participando de caravanas espirituais de auxílio, mostra que o aprendizado é contínuo, mesmo depois desta vida. Ensina que amar e servir são, em si, as maiores recompensas da alma. E que isso é a verdadeira evolução.

ISBN: 978-85-87781-35-2 • ROMANCE MEDIÚNICO • 1998 • 264 PÁGS. • BROCHURA • 14 X 21CM

O PRÓXIMO MINUTO
ROBSON PINHEIRO *pelo espírito Ângelo Inácio*

Um grito em favor da liberdade, um convite a rever valores, a assumir um ponto de vista diferente, sem preconceitos nem imposições, sobretudo em matéria de sexualidade. Este é um livro dirigido a todos os gêneros. Principalmente àqueles que estão preparados para ver espiritualidade em todo comportamento humano. É um livro escrito com coração, sensibilidade, respeito e cor. Com todas as cores do arco-íris.

ISBN: 978-85-99818-24-4 • ROMANCE MEDIÚNICO • 2012 • 473 PÁGS. • BROCHURA • 16 X 23CM

CREPÚSCULO DOS DEUSES
UM ROMANCE HISTÓRICO SOBRE A VINDA DOS HABITANTES DE CAPELA PARA A TERRA
ROBSON PINHEIRO *pelo espírito Ângelo Inácio*

Extraterrestres em visita à Terra e a vida dos habitantes de Capela ontem e hoje. A origem dos dragões — espíritos milenares devotados ao mal —, que guarda ligação com acontecimentos que se perdem na eternidade. Um romance histórico que mistura cia, fbi, ações terroristas e lhe coloca frente a frente com o iminente êxodo planetário: o juízo já começou.

ISBN: 978-85-99818-09-1 • ROMANCE MEDIÚNICO • 2002 • 403 PÁGS. • BROCHURA • 16 X 23CM

MAGOS NEGROS
MAGIA E FEITIÇARIA SOB A ÓTICA ESPÍRITA
ROBSON PINHEIRO *pelo espírito Pai João de Aruanda*

O Evangelho conta que Jesus amaldiçoou uma figueira, que dias depois secou até a raiz. Por qual razão a personificação do amor teria feito isso? Você acredita em feitiçaria? — eis a pergunta comum. Mas será a pergunta certa? Pai João de Aruanda, pai-velho, ex-escravo e líder de terreiro, desvenda os mistérios da feitiçaria e da magia negra, do ponto de vista espírita.

ISBN: 978-85-99818-10-7 • AUTOCONHECIMENTO • 2011 • 394 PÁGS. • CAPA DURA • 16 X 23CM

Negro
Robson Pinheiro *pelo espírito Pai João de Aruanda*

A mesma palavra para duas realidades diferentes. Negro. De um lado, a escuridão, a negação da luz e até o estigma racial. De outro, o gingado, o saber de um povo, a riqueza de uma cultura e a história de uma gente. Em Pai João, a sabedoria é negra, porque nascida do cativeiro; a alma é negra, porque humana — mistura de bem e mal. As palavras e as lições de um negro-velho, em branco e preto.

ISBN: 978-85-99818-14-5 • AUTOCONHECIMENTO • 2011 • 256 PÁGS. • CAPA DURA • 16 X 23CM

Sabedoria de preto-velho
Reflexões para a libertação da consciência
Robson Pinheiro *pelo espírito Pai João de Aruanda*

Ainda se escutam os tambores ecoando em sua alma; ainda se notam as marcas das correntes em seus punhos. Sinais de sabedoria de quem soube aproveitar as lições do cativeiro e elevar-se nas asas da fé e da esperança. Pensamentos, estórias, cantigas e conselhos na palavra simples de um pai-velho. Experimente sabedoria, experimente Pai João de Aruanda.

ISBN: 978-85-99818-05-3 • AUTOCONHECIMENTO • 2003 • 187 PÁGS. • BROCHURA COM ACABAMENTO EM ACETATO • 16 X 23CM

Pai João
Libertação do cativeiro da alma
Robson Pinheiro *pelo espírito Pai João de Aruanda*

Estamos preparados para abraçar o diferente? Qual a sua disposição real para escolher a companhia daquele que não comunga os mesmos ideais que você e com ele desenvolver uma relação proveitosa e pacífica? Se sente a necessidade de empreender tais mudanças, matricule-se na escola de Pai João. E venha aprender a verdadeira fraternidade. Dão o que pensar as palavras simples de um preto-velho.

ISBN: 978-85-87781-37-6 • AUTOCONHECIMENTO • 2005 • 256 PÁGS. • BROCHURA COM CAIXA • 16 X 23CM

Quietude
Robson Pinheiro *pelo espírito Alex Zarthú*

Faça as pazes com as próprias emoções.
Com essa proposta ao mesmo tempo tão singela e tão abrangente, Zarthú convida à quietude. Lutar com os fantasmas da alma não é tarefa simples, mas as armas a que nos orienta a recorrer são eficazes. Que tal fazer as pazes com a luta e aquietar-se?

ISBN: 978-85-99818-31-2 • AUTOCONHECIMENTO • 2014 • 192 PÁGS. • CAPA FLEXÍVEL • 17 x 24CM

Serenidade
Robson Pinheiro *pelo espírito Alex Zarthú*

Já se disse que a elevação de um espírito se percebe no pouco que fala e no quanto diz. Se é assim, Zarthú é capaz de pôr em xeque nossa visão de mundo sem confrontá-la; consegue despertar a reflexão e a mudança em poucos e leves parágrafos, em uma ou duas páginas. Venha conquistar a serenidade.

ISBN: 978-85-99818-27-5 • AUTOCONHECIMENTO • 1999/2013 • 176 PÁGS. • BROCHURA • 17 x 24CM

Superando os desafios íntimos
A necessidade de transformação interior
Robson Pinheiro *pelo espírito Alex Zarthú*

No corre-corre das cidades, a angústia e a ansiedade tornaram-se tão comuns que parecem normais, como se fossem parte da vida humana na era da informação; quem sabe um preço a pagar pelas comodidades que os antigos não tinham? A serenidade e o equilíbrio das emoções são artigos de luxo, que pertencem ao passado. Essa é a realidade que temos de engolir? É hora de superar desafios íntimos.

ISBN: 978-85-87781-24-6 • AUTOCONHECIMENTO • 2000 • 200 PÁGS. • BROCHURA COM SOBRECAPA EM PAPEL VEGETAL COLORIDO • 14 X 21CM

CIDADE DOS ESPÍRITOS | *Trilogia Os Filhos da Luz, vol.1*
ROBSON PINHEIRO *pelo espírito Ângelo Inácio*

Onde habitam os Imortais, em que mundo vivem os guardiões da humanidade? É um sonho? Uma miragem? Não! É Aruanda, a cidade dos espíritos, onde orientadores evolutivos do mundo vivem, trabalham e, de lá, partem para amparar, socorrer, influenciando os destinos dos homens muito mais do que estes imaginam.

ISBN: 978-85-99818-25-1 • ROMANCE MEDIÚNICO • 2013 • 460 PÁGS. • BROCHURA • 16 X 23CM

OS GUARDIÕES | *Trilogia Os Filhos da Luz, vol.2*
ROBSON PINHEIRO *pelo espírito Ângelo Inácio*

Se a justiça é a força que impede a propagação do mal, há de ter seus agentes. Quem são os guardiões? A quem é confiada a responsabilidade de representar a ordem e a disciplina, de batalhar pela paz? Cidades espirituais tornam-se escolas que preparam cidadãos espirituais. Os umbrais se esvaziam; decretou-se o fim da escuridão. E você, como porá em prática sua convicção em dias melhores?

ISBN: 978-85-99818-28-2 • ROMANCE MEDIÚNICO • 2013 • 474 PÁGS. • BROCHURA • 16 X 23CM

OS IMORTAIS | *Trilogia Os Filhos da Luz, vol.3*
ROBSON PINHEIRO *pelo espírito Ângelo Inácio*

Os espíritos nada mais são que as almas dos homens que já morreram. Os Imortais ou espíritos superiores também já tiveram seus dias sobre a Terra, e a maioria deles ainda os terá. Portanto, são como irmãos maisvelhos, gente mais experiente, que desenvolveu mais sabedoria, sem deixar, por isso, de ser humana. Por que haveria, então, entre os espiritualistas tanta dificuldade em admitir esse lado humano? Por que a insistência em ver tais espíritos apenas como seres de luz, intocáveis, venerandos, angélicos, até, completamente descolados da realidade humana?

ISBN: 978-85-99818-29-9 • ROMANCE MEDIÚNICO • 2013 • 443 PÁGS. • BROCHURA • 16 X 23CM

Encontro com a vida
Robson Pinheiro *pelo espírito Ângelo Inácio*

"Todo erro, toda fuga é também uma procura." Apaixone-se por Joana, a personagem que percorre um caminho tortuoso na busca por si mesma. E quem disse que não há uma nova chance à espreita, à espera do primeiro passo? Uma narrativa de esperança e fé — fé no ser humano, fé na vida. Do fundo do poço, em meio à venda do próprio corpo e à dependência química, ressurge Joana. Fé, romance, ajuda do Além e muita perseverança são os ingredientes dessa jornada. Emocione-se... Encontre-se com Joana, com a vida.

ISBN: 978-85-99818-30-5 • ROMANCE MEDIÚNICO • 2001/2014 • 304 PÁGS. • BROCHURA • 16 X 23CM

Canção da esperança
A TRANSFORMAÇÃO DE UM JOVEM QUE VIVEU COM AIDS
Robson Pinheiro *pelo espírito Franklim*
CONTÉM ENTREVISTA E CANÇÕES COM O ESPÍRITO CAZUZA.

O diagnóstico: soropositivo. A aids que se instala, antes do coquetel e quando o preconceito estava no auge. A chegada ao plano espiritual e as descobertas da vida que prossegue. Conheça a transformação de um jovem que fez da dor, aprendizado; do obstáculo, superação. Uma trajetória cheia de coragem, que é uma lição comovente e um jato de ânimo em todos nós. Prefácio pelas mãos de Chico Xavier.

ISBN: 978-85-99818-33-6 • ROMANCE MEDIÚNICO • 1995/2002/2014 • 320 PÁGS. • BROCHURA • 16 x 23CM

Faz parte do meu show
A TRAJETÓRIA DE UM ARTISTA EM BUSCA DE SI MESMO
Robson Pinheiro *orientado pelo espírito Ângelo Inácio*

Um livro que fala de coragem, de arte, de música da alma, da alma do rock e do rock das almas. Deixe-se encantar por quem encantou multidões. Rebeldia somada a sexo, drogas e muito *rock'n'roll* identificam as pegadas de um artista que curtiu a vida do seu jeito: como podia e como sabia. Orientado pelo autor de *A marca da besta*.

ISBN: 978-85-99818-07-7 • ROMANCE MEDIÚNICO • 2004/2010 • 181 PÁGS. • BROCHURA • 14 X 21CM

O FIM DA ESCURIDÃO | *Série Crônicas da Terra, vol.1*
REURBANIZAÇÕES EXTRAFÍSICAS
ROBSON PINHEIRO *pelo espírito Ângelo Inácio*

Os espíritos milenares que se opõem à política divina do Cordeiro – do *amai-vos uns aos outros* – enfrentam neste exato momento o fim de seu tempo na Terra. É o sinal de que o juízo se aproxima, com o desterro daquelas almas que não querem trabalhar por um mundo baseado na ética, no respeito e na fraternidade.

ISBN: 978-85-99818-21-3 • ROMANCE MEDIÚNICO • 2012 • 400 PÁGS. • BROCHURA • 16 X 23CM

OS NEPHILINS | *Série Crônicas da Terra, vol.2*
A ORIGEM DOS DRAGÕES
ROBSON PINHEIRO *pelo espírito Ângelo Inácio*

Receberam os humanoides a contribuição de astronautas exilados em nossa mocidade planetária, como alegam alguns pesquisadores? Podem não ser Enki e Enlil apenas deuses sumérios, mas personagens históricos? Desse universo em que fatalmente se entrelaçam ficção e realidade, mito e fantasia, ciência e filosofia, emerge uma história que mergulha nos grandes mistérios.

ISBN: 978-85-99818-34-3 • ROMANCE MEDIÚNICO • 2014 • 480 PÁGS. • BROCHURA • 16 X 23CM

O AGÊNERE | *Série Crônicas da Terra, vol.3*
ROBSON PINHEIRO *pelo espírito Ângelo Inácio*

Há uma grande batalha em curso. Sabemos que não será sem esforço o parto da nova Terra, da humanidade mais ciente de suas responsabilidades, da bíblica Jerusalém. A grande pergunta: com quantos soldados e guardiões do eterno bem podem contar os espíritos do Senhor, que defendem os valores e as obras da civilização?

ISBN: 978-85-99818-35-0 • ROMANCE MEDIÚNICO • 2015 • 384 PÁGS. • BROCHURA • 16 X 23CM

Os abduzidos | *Série Crônicas da Terra, vol. 4*
Robson Pinheiro *pelo espírito Ângelo Inácio*

A vida extraterrestre provoca um misto de fascínio e temor. Sugere explicações a avanços impressionantes, mas também é fonte de ameaças concretas. Em paralelo, Jesus e a abdução de seus emissários próximos, todos concorrendo para criar uma só civilização: a humanidade.

ISBN: 978-85-99818-37-4 • ROMANCE MEDIÚNICO • 2015 • 464 PÁGS. • BROCHURA • 16 X 23CM

Você com você
Marcos Leão *pelo espírito Calunga*

Palavras dinâmicas, que orientam sem pressionar, que incitam à mudança sem engessar nem condenar, que iluminam sem cegar. Deixam o gosto de uma boa conversa entre amigos, um bate-papo recheado de humor e cheiro de coisa nova no ar. Calunga é sinônimo de irreverência, originalidade e descontração.

ISBN: 978-85-99818-20-6 • AUTOAJUDA • 2011 • 176 PÁGS. • CAPA FLEXÍVEL • 16 X 23CM

Trilogia O reino das sombras | *Edição definitiva*
Robson Pinheiro *pelo espírito Ângelo Inácio*

As sombras exercem certo fascínio, retratado no universo da ficção pela beleza e juventude eterna dos vampiros, por exemplo. Mas e na vida real? Conheça a saga dos guardiões, agentes da justiça que representam a administração planetária. Edição de luxo acondicionada em lata especial. Acompanha entrevista com Robson Pinheiro, em cd inédito, sobre a trilogia que já vendeu 200 mil exemplares.

ISBN: 978-85-99818-15-2 • ROMANCE MEDIÚNICO • 2011 • LATA COM *LEGIÃO, SENHORES DA ESCURIDÃO, A MARCA DA BESTA* **E CD CONTENDO ENTREVISTA COM O AUTOR**

Responsabilidade Social

A Casa dos Espíritos nasceu, na verdade, como um braço da Sociedade Espírita Everilda Batista, instituição beneficente situada em Contagem, MG. Alicerçada nos fundamentos da doutrina espírita, expostos nos livros de Allan Kardec, a Casa de Everilda sempre teve seu foco na divulgação das ideias espíritas, apresentando-as como caminho para libertar a consciência e promover o ser humano. Romper preconceitos e tabus, renovando e transformando a visão da vida: eis a missão que a cumpre com cursos de estudo do espiritismo, palestras, tratamentos espirituais e diversas atividades, todas gratuitas e voltadas para o amparo da comunidade. Eis também os princípios que definem a linha editorial da Casa dos Espíritos. É por isso que, para nós, responsabilidade social não é uma iniciativa isolada, mas um compromisso crucial, que está no DNA da empresa. Hoje, ambas instituições integram, juntamente com a Clínica Holística Joseph Gleber e a Aruanda de Pai João, o projeto denominado Universidade do Espírito de Minas Gerais — UniSpiritus —, voltado para a educação em bases espirituais [www.everildabatista.org.br].

**Quem enfrentará o mal
a fim de que a justiça prevaleça?
Os guardiões superiores
estão recrutando agentes.**

COLEGIADO DE GUARDIÕES DA HUMANIDADE
por Robson Pinheiro

FUNDADO PELO MÉDIUM, terapeuta e escritor espírita Robson Pinheiro no ano de 2011, o Colegiado de Guardiões da Humanidade é uma iniciativa do espírito Jamar, guardião planetário.

Com grupos atuantes em mais de 10 países, o Colegiado é uma instituição sem fins lucrativos, de caráter humanitário e sem vínculo político ou religioso, cujo objetivo é formar agentes capazes de colaborar com os espíritos que zelam pela justiça em nível planetário, tendo em vista a reurbanização extrafísica por que passa a Terra.

Conheça o Colegiado de Guardiões da Humanidade. Se quer servir mais e melhor à justiça, venha estudar e se preparar conosco.

PAZ, JUSTIÇA E FRATERNIDADE
www.guardioesdahumanidade.org